# Martin Luther

# Vejledning for menighederne

## Den Lutheske Visitatsbog

# Martin Luther

# Vejledning for menighederne

# Den Lutheske Visitatsbog
# 1538

Oversat og tilrettelagt
Finn B. Andersen

© 2018 Finn B. Andersen

Oversat og tilrettelagt: Finn B. Andersen

Forlag: Books on Demand GmbH, København, Danmark
Tryk: Books on Demand GmbH, Norderstedt, Tyskland

ISBN 978-87-430-0146-1

# Indholdsfortegnelse

# Indledning

Skriftet "Vejledning for menighederne" er en nyoversættelse af et af den lutherske kirkes grunddokumenter. Originaltitlen er "Unterricht der Visitatoren an die Pfarrherrn im Kurfürstentum zu Sachsen" (WA 26, 195-239). Luther udgav det første gang i 1528 med Melanchthon som medforfatter og gav det en lettere revision i 1538. Ud over små historiske korrektioner er den eneste større rettelse af betydning i kapitlet om nadverens forvaltning.

I udgaven fra 1528 er der et afsnit om hensynet til de svage i troen. I 1538, hvor menighederne var blevet undervist grundigt om nadveren i yderligere 10 år, mente Luther, at den tidsmæssige grænse for hensynet til de svage var nået. De, der ikke ville modtage både brød og vin ved nadveren, kunne holde sig helt væk.

Det er Luthers reviderede udgave fra 1538, der gengives her. I forbindelse med reformationens gennemførelse i Danmark oversatte Bugenhagen det samme år til latin, som var datidens internationale sprog, som engelsk er det i dag. Det blev oversat til dansk første gang i 1608.

Mange angiver Melanchthon som forfatter til vejledningen, men som det fremgår af Luthers eget forord er han *ansvarshavende redaktør*, som har udarbejdet skriftet i samarbejde med de andre visitatorer. Dette var en normal fremgangsmåde, som kendetegner den lutherske reformation, at den fremgik som *et godt og tæt samarbejde* mellem *alle de wittenbergske teologer.* Vejledning for menighederne er således et ægte luthersk skrift.

Skriftet har speciel interesse for den danske kirke, da det nævnes i *Den Danske Kirkeordinans* blandt vores kirkes *syv grundbøger*, som enhver præst skulle eje og benytte. Ud over denne vejledning drejer det sig om Bibelen, Luthers Kirkepostil, Den Augsburgske Bekendelse med tilhørende Apologi, Melanchthons dogmatik, Luthers Lille Katekismus og Kirkeordinansen selv.

Visitatsbogen, med Luther som forfatter og redaktør og Melanchthon som medforfatter, er således et af den danske kirkes helt grundlæggende dokumenter. Det er den evangelisk-lutherske kirke set ud fra en praktiske og konkret synsvinkel. Det var sådan reformatorerne ønskede sig den nye evangelieforståelse udmøntet i praksis i de lutherske menigheder.

*Finn B. Andersen*
*Redaktør på lutherdansk.dk*

2

# Forord af Martin Luther
# [tilføjet i 1538]

Jeg har på ny ladet denne lille vejledning udgive. Nogle få ting har jeg taget ud og ændret, for i begyndelsen var det nødvendig at tage hensyn til de svage i troen. Det er der ikke grund til længere, og vil ikke være det, især i dette fyrstedømme og dets nærmeste naboer. Ingen kan undskylde sig længere, *fordi Guds ord nu skinner klart og kraftig.*

Hvilke løgne Satan og hans tjenere vil komme op med mod dette, regner vi for intet. Gud og hans kirke er tjent med det, vi lægger frem. Det er nok for os og det takker vi vores kære Herre Gud for, der har kaldet os og dygtiggjort os til denne tjeneste.

# Forord af Martin Luther 1528

Det er en guddommelig, gavnlig gerning at præsterne og de kristne menigheder får besøg af erfarne og dygtige folk. Både Det Nye og Det Gamle Testamentet viser os det tydeligt. Man kan læse i ApG 9, 32 at Peter drog omkring i Jødeland. Og Paulus og Barnabas drog på nyt gennem alle de steder, hvor de tidligere havde forkyndt ordet, ApG 15.

I alle sine breve viser Paulus også, hvor omsorgsfuld han er for menighederne og deres præster. Han skriver breve, sender sine medarbejdere og rejser også selv. Sådan sendte apostlene også Peter og Johannes af sted, da de hørte, at Samaria havde taget imod Guds ord, ApG 8, 14.

I Det Gamle Testamente læser vi, hvordan Samuel drog omkring i Rama, i Betel og i Gilgal, osv. Ikke fordi han havde lyst til en spadseretur, men af kærlighed og embedspligt på grund af folkets nød og trang. Det samme gjorde også Elias og Elisa, som vi læser om i Kongebøgerne.

Kristus selv gjorde denne gerningen allermest flittig af alle. Derfor havde han ikke et eneste sted, der var hans eget, hvor han kunne hvile sit hoved. Allerede i mors liv begyndte han på det, da han drog med sin mor op i bjerglandet og besøgte Johannes Døber, (Luk 1, 39).

De gamle fædre, de hellige biskopper, har ofte efterfulgt dette eksempel flittigt, som man kan se i de pavelige skrifter. Biskoppernes og ærkebiskoppernes embede kommer oprindelig fra denne besøgstjeneste. Ifølge det blev hver af dem pålagt at besøge og visitere få eller mange. For egentlig betyder en biskop en tilsynsmand eller en visitator. En ærkebiskop er en tilsynsmand eller visitator over biskopperne. Sognepræsterne skal også af samme grund besøge deres sognebørn, *have omsorg for og tilsyn med, hvordan de lærer og lever.*

## Tilsynsembedet ødelagt

Ærkebiskopperne skal besøge og have tilsyn med, hvordan biskopperne lærer. Men dette embedet er til sidst blevet et verdslig, prægtig herskerembede, fordi biskopperne gjorde sig til fyrster og herrer. Besøgsembedet overlod de til en provst eller vikar. Og da de også blev til gemene snobber, blev tilsynet overdraget til embedsmænd, der plagede folk med afgifter og skatter uden at besøge nogen.

Til sidst, da embedet ikke kunne blive værre og falde dybere, blev disse pengepugere også hjemme i deres varme stuer. I stedet sendte de en eller anden slyngel eller skurk, der løb omkring og snuste alle steder. Hvor han hørte et eller andet fra onde tunger og sladderhanke på værtshusene om mænd eller kvinder, fortalte han det til embedsmændene. Med deres embede udsugede og røvede de så pengene fra folk, selv de uskyldige. De ødelagde deres ære og gode rygte og forårsagede elendighed og ulykke.

Sådan er det gået med den hellige besøgstjeneste eller samråd. Kort sagt: Denne dyrebare, ædle gerning er helt gået til grunde og intet er blevet tilbage. Intet andet end at man plager folk og besværer dem med afgifter, gæld og skatter. Desuden har man gjort en guddommelig gerning ud af at man plaprer salmevers i kirkerne.

Men hvordan man *lærer, tror, øver kærlighed, lever et kristent liv, forsørger de fattige, trøster de svage, straffer de vilde* og hvad der mere hører til dette embedet, det tænker man ikke på. Det drejer sig kun om penge og berømmelse, mens man røver folks ejendom uden at give dem noget igen andet end ulykker.

Det er gået dette embede som al anden hellig, kristen, gammel lære og ordning. Det er blevet Djævelens og Antikrists forhånelse og gøgleri, med gruelig, skrækkelig fordærv af sjælene til følge.

Hvem kan nu sige, hvor nyttig og nødvendig et sådan embede er i kristenheden? Af de skader, der er fremkommet efter at dette embede er gået til grunde, kan man måske se det. Ingen lære eller stand er forblevet ret eller ren. Derimod er det opstået afskyelige partier og sekter som hele klostervæsenet og alle foreningerne. Derved er den kristne kirke blevet helt undertrykt, troen udslukket, kærligheden forvandlet til strid og krig, og evangeliet gemt under sofaen. Alene menneskegerninger, lære og drømme har hersket i stedet for evangeliet.

Djævelen gjorde det sandelig godt, da han ødelagde og erobrede dette embedet og i stedet oprettede åndelige karikaturer og munkekutter, så ingen modstod ham. Derfor vil det kræve stor møje, hvis man vil have dette embede ret og effektivt i gang igen. Paulus klager jo også til thessalonikerne, korintherne og galaterne, for apostlene selv havde hænderne fulde med at få styr på dette. Hvordan skal så dovne, slappe vomme kunne udrette noget her?

## Evangeliets nye lys

Efter at evangeliets lys ved Guds uudsigelige nåde igen er kommet til os eller for første gang har nået os, ser vi hvor forvirret, ødelagt og sønderrevet kristenheden er blevet. *Derfor anser vi det for højst nødvendigt, at det rette bispeembede og visitatsembede igen bringes på fode.* Men da ingen af os er kaldet eller har en klar befaling og Peter ikke ønsker, man begynder på noget i kristenheden uden at man er sikker på, at det er Guds gerning, har ingen vovet at gå i gang med besøgstjenesten.

For at være på den sikre side og af kærlighed til det embede, som alle kristne er fælles om og pålagt, har vi derfor med ydmyg bøn vendt os til den ærværdige, højbårne fyrste Johann, hertug af Sachsen, vores nådige herre, som af Gud er forordnet til landsfyrste og *vores rette verdslige øvrighed.* Skønt han som offentlig myndighed ikke har pligt til det, har vi anmodet ham om, at han for Guds skyld og af kristen kærlighed vil kalde og udnævne nogle dygtige personer til dette embede *for at fremme evangeliet* og til nytte og gavn for de stakkels kristne inden for hans landområde.

Dette har kurfyrsten ved Guds nåde indvilliget i og har kaldet fire personer: Den trofaste og højtærede greve Hans von der Plawnitz, ridder med mere. Den ærværdige og højlærde Hieronymus Schurff, udnævnt doktor med mere. Den trofaste og ærede Asmus af Haubitz med mere. Og den agtværdige Philip Melanchthon, magister med mere.

Gud give det måtte blive til et velsignet eksempel til nyttig efterfølgelse for alle andre tyske fyrster. Det vil Kristus også rigelig belønne på den yderste dag. Amen.

Men Djævelen, med sin giftige og skadelige mund, kan ikke lade nogen guddommelig gerning være uskadt eller uden problemer. Ved vores fjender har han meget at anklage og fordømme. Nogle råber op om, at vi skulle have angret og tilbagekaldt vores lære og vendt om. Ja, Gud give, at deres råben var ret og vores tilbagekaldelse var gyldig, for så ville de nemlig være kommet os nærmere end vi var dem. De ville dermed stadfæste vores lære og måtte følgelig tilbagekalde deres egen.

## Fremgangsmåden

Derfor offentliggør jeg nu på tryk alt det, som visitatorerne har udarbejdet og skriftlig har fremlagt for vores fyrste. Jeg har omhyggelig samlet det hele i fællesskab med dem. Så kan alle se, at vi ikke handler hemmeligt i det skjulte, men at vi glad og tryg søger og færdes i lyset. Vi kan ganske vist ikke gå frem med strenge påbud, som om vi fremlagde nye papistiske love. Vi fremlægger det som en beskrivelse eller beretning i den hensigt at det skal være et vidnesbyrd og en bekendelse af vores tro.

Vi håber dog, at alle retskafne, fredselskende præster, som virkelig sætter pris på evangeliet og vil stå sammen med os i enighed, som Paulus lærer os i Fil 2, 2, vil vise lydighed mod vores landsfyrste. Vi håber ikke, de utaknemlig og stolt vil ringeagte vores fyrstes iver og vores kærlighed og gode hensigt, men at de *frivillig og gerne går ind under denne visitats*, så de lever fredelig sammen med os, indtil Gud ved Helligånden frembringer noget bedre ved dem eller os.

Men hvis nogen modvilligt modsætter sig dette og uden god grund vil lave sin egen ordning, må vi lade dem skilles fra os som avner skilles fra kornet. Egenrådige hoveder findes altid, som ikke vil være med til noget fælles eller ensartet, udelukkende på grund af deres egen ondskab. De er *egenrådige individualister i hjerte og livsførelse.* For deres skyld vil vi ikke forlade vores egne folk. Vi vil dog ikke undlade at søge vores nådige landsherres råd og hjælp i disse sager.

Skønt *vores fyrste ikke har pligt til at lære og regere i åndelige sager*, er han dog som verdslig øvrighed skyldig at sørge for at uenighed, splid og oprør ikke opstår blandt hans undersåtter. Det forlangte Kejser Konstantin også af biskopperne i Nikæa, fordi han ikke ville tillade den splittelse som Arius havde skabt blandt de kristne i kejserdømmet. Han formanede dem til ensformig lære og tro.

Og Gud, al barmhjertigheds Fader, give os ved sin kære søn Jesus Kristus enigheds og krafts Ånd til at gøre hans vilje! For selv om vi havde den allerskønneste enighed, ville vi alligevel have nok at bestille med at gøre godt og bestå i Guds kraft. Hvad bliver det så ikke til, hvis vi er forskellige og uenige?

Djævelen er ikke blevet god og hellig i år og bliver det heller ikke! Lad os derfor være vågen og omhyggelige med at bevare Åndens enhed i kærlighedens og fredens bånd, som Paulus lærer. Amen.

# Visitatsbogen 1538

## Om læren

Angående læren finder vi blandt andre ting frem for alt følgende fejl, at selv om enkelte prædiker om troen, som vi bliver retfærdige ved, så bliver det *ikke klart nok vist, hvordan vi kommer til troen.* Næsten alle undlader et stykke af den kristne tro, som er så vigtig, at ingen kan forstå, hvad troen er og betyder uden det. For Kristus siger i Lukas 24, 47, at man i hans navn skal forkynde bod og syndernes forladelse.

Men i dag taler mange kun om syndernes forladelse og siger intet eller kun lidt om boden. Og dog findes der *ingen syndsforladelse uden bod.* Syndernes forladelse kan heller ikke forstås uden boden. Hvis man forkynder syndernes forladelse uden bod, bliver resultatet, at *folk mener, de allerede har opnået syndernes forladelse.* På den måde bliver de sikre og uden gudsfrygt. *Det er en større vildfarelse og synd en alle andre vildfarelser, der har været indtil nu.* Man kan virkelig frygte, at det sidste skal blive værre end det første, som Kristus siger i Matt 12, 45.

Derfor har vi undervist og formanet præsterne til, at de skal forkynder evangeliet *fuldt ud,* som de har pligt til, og ikke blot det ene stykke uden det andet. For Gud siger i 5 Mos 4, 2: "I må ikke føje noget til det, jeg befaler jer, og heller ikke trække noget fra." Prædikanterne kritiserer med rette paven, for at han har lavet mange tilføjelser til Skriften. Men de, der ikke prædiker bod, river selv et stort stykke ud af Skriften. Også selv om de taler om spiseregler og lignende ubetydelige emner. Det skal der ganske vist også tales om til rette tid, når den kristne frihed skal forsvares over for tyrannerne. Men hvad andet bliver det alligevel, end at si myggen fra og sluge kamelen, som Kristus siger i Matt 23, 24?

Vi har derfor indskærpet dem, at de flittig og ofte skal formane folket til bod, så de har anger og sorg over synden, og frygter for Guds dom. Vi har også foreholdt dem at de ikke må være eftergivende i det største og nødvendigste stykke i boden. For både Johannes og Kristus irettesætter farisæerne og deres hellige hykleri hårdere end de almindelige synder. Derfor skal prædikanterne irettesætte de åbenlyse, grove synder i befolkningen, men hvor der er falsk hellighed, skal de formane endnu stærkere til bod.

Enkelte er imidlertid af den opfattelse, at man ikke skal lære noget forud for troen, men tværtimod lære boden ud fra og efter troen, for at vores modstandere ikke skal sige, at vi tilbagekalder vores tidligere lære.

Til dette er at bemærke, at boden og loven også hører med til den almindelige tro. Man må jo først tro, at Gud er til, og at han truer, byder og forskrækker. Derfor lader man for almindelige menneskers skyld disse stykker af troen gå under navnet bod: bud, lov, frygt, osv. Så kan man bedre forstå den kristne tro, som apostlen kalder for "den retfærdiggørende tro", det vil sige, *den tro, der gør retfærdig og udsletter synden.* Det gør troen ikke uden loven eller boden. Almindelige mennesker bliver ellers let forvirret over troen og stiller unyttige spørgsmål.

## De Ti Bud

Derfor skal præsterne ofte og flittig prædike over De Ti Bud og udlægge dem. De skal ikke bare henvise til selve budene, men også til hvordan Gud vil straffe dem, der ikke holder dem. Også at *Gud ofte straffer overtrædelserne med timelige straffe.* Sådanne eksempler er skrevet, for at man skal holde dem frem for folk, på samme måde som englene gjorde i 1 Mos 19,12. De fortalte Abraham, hvordan Gud ville straffe Sodoma og ødelægge den med Helvedes ild. For de vidste, at han ville fortælle det til sine efterkommere, så de kunne lære at frygte Gud.

Man skal også straffe enkelte særlige laster, som ægteskabsbrud, drikkeri, misundelse og had, og vise, hvordan Gud har straffet sådanne laster. Med det vil han vise os, at han bestemt vil straffe endnu hårdere efter dette liv, hvis vi ikke forbedrer os.

Folk skal på den måde blive tilskyndet og formanet til gudsfrygt, til bod og anger, og det sikre og frygtløse liv blive revset. Derfor siger Paulus også i Rom 3, 20: "Ved loven kommer syndserkendelse." Og syndserkendelse er ikke andet en sand anger.

*Dernæst* er det nødvendig at prædike om troen, så den, der angrer og lider under sin synd, skal tro at synderne bliver tilgivet, ikke for vores fortjenestes skyld, men for Kristi skyld. Hvor den angrende og skræmte samvittighed får fred, trøst og glæde ved at høre, at synden er forladt os for Kristi skyld, da er der tale om den tro, der gør os retfærdige for Gud

Og folk skal omhyggelig påmindes om, at *denne tro ikke kan være uden alvorlig og sand anger og frygt for Gud.* Sådan står der i Salme 111, 10 og Sirak 1, 16: "At frygte Herren er begyndelsen til visdom". Og Esajas siger i 66, 2: "Jeg ser alene til den modløse og den, der skælver for mit ord."

Dette må siges ofte, så folk ikke vænner sig til den falsk opfattelse, at de har troen, selv om de stadig er langt fra den. Man må forklare, at det kun er i troen, der kan være sand anger og smerte over synden. Modsat er der kun tale om en opdigtet tro, hvor der ingen anger er. En ret tro bringer nemlig trøst og glæde i Gud, og det opleves ikke, hvor der ingen anger og frygt er. Som Kristus siger i Matt 11, 5: "Evangeliet forkyndes for fattige og elendige."

Disse to stykker er de første i det kristne liv: Bod, eller anger og smerte, og tro, som vi opnår syndernes forladelse ved og bliver retfærdige for Gud. *Begge deler skal vokse og tiltage i os.*

*Det tredje stykke* i det kristne liv er at gøre gode gerninger, som seksuel disciplin, næstekærlighed, hjælpsomhed, ikke at lyve, bedrage, stjæle, slå ihjel, ikke være hævngerrig, ikke selv skaffe sig ret, osv.

Derfor skal De Ti Bud atter prædikes flittig. I dem er alle gode gerninger nemlig sammenfattet.

Det er derfor, de hedder "gode gerninger", ikke kun fordi de sker vores næste til gode, men også fordi Gud har påbudt dem. Derfor behager de også Gud. Han har heller ikke behag i dem, der ikke gør dem, som der står i Mika 6, 8: "Menneske, du har fået at vide, hvad der er godt, hvad Herren kræver af dig: Du skal handle retfærdigt, vise trofast kærlighed og årvågent vandre med din Gud."

## Første bud

Det første bud lærer os at frygte Gud, for han truer dem, der ikke regner med ham. Vi lærer også at tro på ham og have tillid til ham. Gud lover nemlig, at han vil gøre godt mod dem, der elsker ham, det vil sige, dem, der venter sig alt godt fra ham. Som der står i Esajas 64, 3 og 1 Kor 2, 9. "Hvad intet øje har set og intet øre hørt, og hvad der ikke er opstået i noget menneskes hjerte, det, som Gud har beredt for dem, der elsker ham."

## Andet bud

Det andet bud lærer, at man ikke skal misbruge Guds navn. Men at bruge Guds navn ret, er at påkalde ham i al slags nød, både legemlig og åndelig, som han har påbudt i Salme 50, 15: "Råb til mig på nødens dag, så vil jeg udfri dig, og du skal ære mig." Gud siger her, at det er den rette tjeneste, som man kan tjene ham med, at råbe og bede til ham at han vil hjælpe, og desuden sige ham tak for hans velgerninger. For Gud siger samme sted: "og du skal prise mig". Og ligeledes i vers 23: "Den, der bringer takoffer, ærer mig, ham lader jeg se Guds frelse."

Her skal præsterne og prædikanterne formane folk til at bede. For *opfyldelsen af dette bud er at bede*, det vil sige, at påkalde Gud om hjælp i al anfægtelse. Og de skal undervise folk om, hvad det vil sige at bede, og hvordan de skal bede.

## Specielt om kristen bøn i det andet bud

Først skal de lære folk, at *Gud har påbudt os at bede*. Ligesom det er stor synd at slå ihjel, er det også synd ikke at bede eller ønske noget af Gud. Dette bud bør vække os til at bede, fordi Gud ikke alene er så venlig, at han vil hjælpe den, der beder, men endog befaler os at bede. Det gør han i Lukasevangeliet 18 og mange andre steder. Det skal præsterne fremholde for folk.

Hvis det var en fyrste, der ikke alene gav det, man bad ham om, men også påbød enhver, at bede om det, de mangler, ham ville man anse for en nådig herre og bede ham om mange ting. Jo mere vi beder, jo hellere giver han. Som der står i Ef 3, 20: "Han formår, at gøre langt ud over alt, hvad vi beder om eller forstår." Og Esajas 65, 24: "Før de kalder, svarer jeg, endnu mens de taler, hører jeg."

Man skal også fremhæve, at *Gud har lovet at høre os*, Matt 7, 7 og Luk 11, 9: "Bed, så skal der gives jer." Sådanne løfter skal vi stole på og ikke tvivle på, at Gud hører vores bøn. Som Kristus siger i Markus 11, 24: "Derfor siger jeg jer: Alt, hvad I beder og bønfalder om, det skal I tro, at I får, og så får I det."

Vi skal heller ikke lade os skræmme af, at vi er syndere. Gud hører os jo ikke for vores fortjenestes skyld, men for sit eget løftes skyld. Sådan står der i Mika 7, 20: "Du viser troskab mod Jakob, og trofasthed mod Abraham, sådan som du tilsvor vore fædre i gamle dage."

*De syndere og hyklere, der ikke angrer deres synd og hykleri, bliver dog ikke bønhørt.* Om dem står der skrevet i Salme 18, 42: "De råber om hjælp, men ingen hjælper, de råber til Herren, men han svarer dem ikke."

Men de, der angrer og tror at Gud tilgiver for Kristi skyld, de skal *ikke lade sig afskrække på grund af deres begåede synder og hykleri*. Gud ønsker ikke, at vi skal fortvivle, men at vi skal tro, at han hører os og hjælper os. Derfor skal præsterne undervise folket om, at der til bønnen hører tro på, at Gud vil høre os. Som Jakob siger i 1, 6: "Man skal bede i tro, uden at tvivle; for den, der tvivler, er som en bølge på havet, der rejses og brydes af vinden. Det menneske skal ikke bilde sig ind, at det får noget af Herren."

Der er ikke tale om bøn, hvis nogen fremsiger mange Fadervor eller Salmer hen i vejret, uden at ænse eller regne med at Gud hører der og sender hjælp. En sådan person har slet ingen Gud, og det går vedkommende som Salme 115, 6 siger: "Deres guder har ører, men de kan ikke høre." Det vil sige, at man forestiller sig en Gud, som alligevel ikke hører.

Man skal også undervise folket om, at *de skal ønske sig noget* af Gud, både timelige og evige goder. Ja, man skal formane folk til, at enhver bærer sin nød frem for Gud. Én plages af fattigdom, en anden af sygdom, en tredje af synden, en fjerde af vantro og andre svagheder. Sådanne ting søger mange hjælp for hos Sankt Antonius og Sankt Sebastian og andre helgener. Men ligegyldig hvad det er, så skal hjælpen alene søges hos Gud.

Og selv om Gud udsætter hjælpen, skal vi ikke holde op med at bede. Det ser man i Lukas 18. Gud øver nemlig vores tro. Ja, selv om Gud slet ikke giver os det, vi beder om, skal vi alligevel ikke tvivle på, at han har hørt vores bøn. *Vi skal vide, at hvis han ikke giver os det, vi beder om, så giver han os noget andet og bedre.* Det skal vi overlade til ham og ikke foreskrive ham tid og måde. Hvor lang tid ventede han ikke, inden han gav Abraham og de andre fædre det forjættede land? Sådanne eksempler er der mange af i Skriften.

## Tredje bud

Det tredje bud lærer os at hellige hviledagen. Ganske vist har Gud ikke befalet os at overholde den ydre fejring, som hos jøderne, så man slet ikke må udføre noget arbejde med hænderne. Alligevel skal man holde lidt fri, så man kan høre og lære Guds ord og folk kan have bestemte tider at komme sammen på osv.

## Fjerde bud

Det fjerde bud lærer at ære forældrene og være lydige mod dem. Man skal omhyggelig fremholde det løfte for de unge, som Gud giver i 2 Mos 20, 12: "Ær din far og din mor, for at du må få et langt liv på den jord, Herren din Gud vil give dig." Det betyder, at det vil gå godt hele livet. Den, der vanærer og er ulydig mod forældrene, vil derimod få ulykke, sådan som Kam blev forbandet af sin far Noah i 1 Mos 9, 25: "Forbandet være Kana'an! Den usleste træl skal han være for sine brødre." Absalom, som fordrev sin far, gik det også dårligt. For Absalom blev til sidst hængt i et træ, som man kan se i 2 Sam 18. Sådan blev også Ruben forbandet af Jakob, fordi han gik i seng med hans hustru: "Du skal miste din forrang, for du besteg din fars leje, da vanærede du min seng." 1 Mos 49.

Det er derfor nyttigt, at lære folk at *al velsignelse og ulykke kommer fra Gud.* Velsignelse for den, der frygter Gud og holder hans bud. Ulykke for den, der foragter ham. Ja, skønt Gud også tilskikker de fromme ulykke, så hjælper han dem dog, og trøster dem *også tit legemlig*t. Ikke kun med åndelige goder, som også Salme 34, 20 viser: "Mange ulykker rammer den retfærdige, dog redder Herren ham ud af dem alle." Hele Salme 37 påminder os derfor: "Far ikke op over forbryderne, vær ikke misundelig på dem, der øver uret." *Og det er en stor fejl, hvis man ikke formaner folk til at håbe på og ønske legemlige goder af Gud. Det er nemlig i sådanne ting troen skal øves.*

Det er heller ikke nødvendigt at føre spidsfindige debatter omkring fortjeneste, om Gud giver os medgang på grund af vores gode gerninger. Det er nok, at man underviser om, at Gud kræver sådanne gerninger og belønner dem, fordi han har lovet det, uden vores fortjeneste.

Det er nødvendig at lære, at Gud tilgiver synden uden nogen af vores gerninger for Kristi skyld. For

Gud er så fjendtlig mod synden, at ingen skabnings gerning kan gøre fyldest for den. Det var udelukkende Guds Søn, som måtte ofres for den.

Mange råber så op: Gode gerninger giver ingen fortjeneste! *Det var bedre, hvis man i stedet formanede folk til gode gerninger og lod de akademiske diskussioner ligge.* Det er ganske vist sandt, at Gud giver os det gode, fordi han har lovet det og ikke på grund af vores fortjeneste, men alligevel må de gode gerninger udføres, som Gud har befalet os.

Derfor skal man fremhæve over for folk, hvor strengt Gud straffer dem, der ikke ærer deres forældre, med alle slags ulykker. For Gud lader dem opleve fattigdom, sygdom, vanære og andet ondt.

Her skal man også lære, hvordan forældre er skyldige at opdrage deres børn til gudsfrygt, lære dem Guds ord og lade dem blive undervist. Salomo skriver sådan i Ordsprogene 22, 15: "Dumhed er bundet til den unge mands hjerte, en tugtende stok kan drive den ud af ham." Således siger også Paulus i Ef 6, 4: "Og fædre, gør ikke jeres børn vrede, men opdrag dem med Herrens tugt og formaning."

Præsten Eli er et eksempel på det. Ifølge 1 Sam 2 straffede Gud ham og tog præsteembedet fra ham, *fordi han ikke havde opdraget sine børn ordentlig.* Aldrig har ungdommen været værre end nu. Vi ser hvor lidt de adlyder og regner deres forældre. Det er uden tvivl derfor, der er kommet så mange plager, krig, oprør og andet ondt i verden.

Under dette bud hører også at man ærer de gamle. Ligeledes også at man lære at ære præsterne, der tjener os med Guds ord. De er Guds ords tjenere, som vi har Guds ord ved, som Paulus skriver i 1 Tim 5, 17: "Ældste, som er gode forstandere, fortjener dobbelt agtelse, særlig de, der slider med forkyndelse og undervisning."

## Specielt om øvrigheden i det fjerde bud

Ligeledes hører lydigheden mod øvrigheden også under dette bud. I Romerbrevet 13, 6 siger Paulus, at vi skylder øvrigheden tre ting. Det første er skat, fordi vi skal yde både afgift, skat og arbejde til øvrigheden. Det andre er frygt, at vi af hjertet skal frygte for øvrigheden. *Selv om øvrigheden ikke altid kan straffe vores ulydighed, så skal vi vide, at Gud vil straffe den.* Det er ham, der har indsat øvrigheden og opholder den. Derfor bliver også alle oprørere straffet. Det skriver Paulus i Rom 13, 2: "Den, som sætter sig op imod dem, der har en myndighed, står derfor Guds ordning imod, og de, der gør det, vil pådrage sig dom." Det samme siger Salomo også i Ordsprogene 24, 21: "Frygt Herren og kongen, min søn, undgå samkvem med folk, der mener noget andet; for ulykke fra dem kommer pludseligt, hvem véd, hvilken ødelæggelse de to kan forvolde?"

Det er også vigtigt, at gøre opmærksom på de *eksempler på oprørere, som Gud har straffet.* Som Datan og Abiram, der satte sig op mod Moses, 4 Mos 16. For jorden slog revner under dem, åbnede sig og tilintetgjorde alle dem, der var sammen med dem. Levende styrtede de ned i Helvede med alt, hvad de havde, og jorden lukkede sig over dem. Desuden slog ild ud og fortærede de 250 mænd, der havde ofret røgelse.

Abimelek, som dræbte 69 af Gideons sønner, fik hovedet knust af en kværnsten, som en kvinde skubbede ud fra et tårn, Dom 9 og 2 Sam 11. Sheba, der gjorde oprør mod David, fik hovedet hugget af, 2 Sam 20. Absalom, der satte sig op imod sin far David, blev til sidst hængt i et træ, 2 Sam 18. Zimri, der stiftede en sammensværgelse mod kong Ela og dræbte ham, blev ikke konge i Israel mere en syv dage. For kong Omri belejret ham i Tisa. Og da Simri så at byen var tabt, gik han ind i paladset og satte ild til det hele, 1 Kong 16.

*Vi ser således tydeligt, at Gud ikke lader nogen forbrydelse ustraffet.* For mord bliver altid hævnet, som Kristus siger i Matt 26, 52: "Stik dit sværd i skeden! For alle, der griber til sværd, skal falde for sværd." Det vil sige, at enhver, der på eget initiativ griber til sværd uden øvrighedens befaling, bliver straffet. *Sådanne ord findes det mange af i Skriften. De skal omhyggelig indprentes for folk.* Således siger Salomo i Ord 16, 14: "Kongens vrede er dødens sendebud, den vise kan afværge den." Ligeledes i Ord 20, 2: "Rædsel for kongen er som rædsel for løvens knurren, den, der gør ham vred, har forbrudt sit liv."

*Den tredje ting, man skylder øvrigheden, er at vise den ære.* For hvad er det, at vi tror, vi har ydet øvrigheden nok, når vi har betalt skat og afgift og arbejde? Gud kræver en meget højere tjeneste af os over for øvrigheden, nemlig ære. Først og fremmest at vi erkender at øvrigheden er af Gud og at Gud ved den giver os mange store goder. *Hvis Gud ikke opholdt øvrighed og retsvæsen i verden, ville Djævelen, der er en morder, forårsage alle slags mord. Ingen steder ville vort liv, hustru og børn være sikre.*

Men Gud opholder øvrigheden og giver derved fred, straffer de onde, og holder dem i skak, så vi kan have familie og hjem, opdrage vores børn til gudsfrygt og gudserkendelse, *være trygge i vores hjem og på gaderne*, så vi kan hjælpe hinanden og besøge hinanden. Det er virkelig himmelske goder. Gud ønsker, at vi anser dem og betragter dem som *Guds gaver.* Og at vi ærer øvrigheden som hans tjener og viser den taknemlighed, fordi Gud giver os så store gaver ved den.

Den, som på denne måde kunne *se Gud selv i øvrigheden*, ville få øvrigheden hjertelig kær. Og hjertelig taknemlig mod øvrigheden ville den blive, som kunne betragte de goder, som vi modtager gennem den.

Hvis du vidst, at nogen havde reddet dit barn fra døden, så ville du af hjertet takke vedkommende. Hvorfor er du ikke taknemlig mod øvrigheden, som daglig redder dig og dine børn og din ægtefælle fra mord? *Hvis ikke øvrigheden holdt det onde på afstand, hvem var da tryg?* Når du ser din ægtefælle og dine børn, skal du tænke: "Dette er Guds gaver, som jeg får lov til at beholde på grund af øvrigheden." Så kær som du har dine børn, så kær skal du have øvrigheden. Fordi almindelige mennesker ikke skønner på sådanne goder som fred, ret og straf over de onde, så skal man forklare det ofte, og ofte minde dem om at tænke på det.

For det andet er det den højeste ære, at man *hjertelig beder for øvrigheden*, om at Gud må give den nåde og forstand til at regere godt og fredelig, som Paulus lærer i 1 Tim 2, 1: "Jeg formaner da først af alt til bønner og anråbelser, forbønner og taksigelser for alle mennesker; bed for konger og for alle i høje stillinger, så vi kan leve et roligt og stille liv, i al gudfrygtighed og agtværdighed. Det er godt og værdsat hos Gud, vor frelser."

Baruk skriver sådan i det første kapitel: "Så skal I bede for babylonierkongen Nebukadnesars liv og for hans søn Belshassars liv, for at de må leve, så længe himlen hvælver sig over jorden. Og Herren vil give os styrke, og han vil give vore øjne lys; vi skal leve under

babylonierkongen Nebukadnesars og hans søn Bels-
hassars beskyttelse." Fordi fred er et guddommelig
gode, skal vi bede om det og begære det fra Gud.

Nogen indvender ganske vist: Hvordan kan øvrig-
heden være fra Gud, når så mange er kommet til mag-
ten på uret vis, som for eksempel kejser Julius? Skrif-
ten kalder Nimrod en jæger, fordi han røvede så me-
get, 1 Mos 10,9. Svar: Når Paulus i Rom 13 skriver:
"for der findes ingen myndighed, som ikke er fra
Gud", skal det forstås sådan, at øvrigheden er Guds
egen ordning og gerning, på samme måde som solen
er skabt af Gud og ægteskabet er indsat af Gud. Øvrig-
heden er ikke af Gud på den måde at mord eller anden
ugerning skulle være fra Gud. Man skal forstå det så-
dan, at som en ond mand misbruger ægteskabet, når
han tager sig en hustru i ond mening, *sådan misbruger
også en tyran Guds gode ordning,* sådan som tilfældet
var med kejserne Julius og Nero. Alligevel er ordnin-
gen, som ret og fred bliver opholdt ved, en Guds ska-
berordning, selv om personen, der misbruger ordnin-
gen handler uret.

Prædikanterne skal også trofast minde øvrigheden
om at sørge for fred, ret og beskyttelse af undersåt-
terne. Øvrigheden skal også forsvare de fattige, en-
kerne og de faderløse og ikke behandle dem som dyr.
Sådan befalede Gud Jeremias at prædike for hele Judas
folk med løfte om at Gud ville bo hos dem, Jer 7. Sådan
skriver Paulus også i Kol 4, 1: "I, som er herrer, gør ret

og skel mod jeres slaver; for I ved, at også I har en Herre i himlen." Herren selv vil til sin tid ramme en ond øvrighed. For Rehabeam, Salomo søn og en mægtig konge, pålagde folket store byrder, som hans unge rådgivere havde tilrådet. Da folket bad om lettelser, gav kong Rehabeam dem dette svar: "Det mindste på mig er tykkere end min fars lænder! Har min far læsset et tungt åg på jer, vil jeg gøre det tungere; har min far tugtet jer med svøber, vil jeg tugte jer med skorpioner!" 1 Kong 12, 10. Derfor faldt alle Israels stammer fra Rehabeam. Han regerede kun over de israelitter, der boede i Judas byer, mens kong Jeroboam regerede over de ti stammer.

Alligevel skal man flittig undervise befolkningen om, at de ikke desto mindre forholder sig lydig og underordner sig også de hårde øvrigheder. Det lærer Peter i 1 Pet 2, 18: "I, som er tjenestefolk, skal underordne jer under jeres herrer med al ærefrygt, ikke kun de gode og milde, men også de urimelige." For Gud lever stadig og siger i 5 Mos 32, 35: "Hævnen og gengældelsen tilhører mig." Han skal nok få fat på den onde øvrighed.

Nogen er her i tvivl om man i sager, der gælder ens ejendom og når det gælder straf for forbrydelser, må bruge love, som kejseren eller hedningene har lavet. Om man for eksempel må straffe tyveri med dødsstraf, når Moseloven lærer noget andet, 2 Mos 22.

Angående disse ting skal man vide, at man gerne må bruge kejserens lov og at det er rigtigt at overholde disse love. Således skriver Peter i 1 Pet 2, 13: "For Herrens skyld skal I underordne jer under enhver menneskelig ordning, hvad enten det er kongen som magthaver eller statholdere, som sendes af ham for at straffe forbrydere og rose dem, der gør det gode."

Ligesom omskærelsen ikke er påbudt os, sådan er det heller ikke påbudt os, at vi skal holde den retsorden, der står i Mosebøgerne. Sådan står der også i ApG 15, at man ikke skal lægge lovens byrder på hedningerne. De behøver ikke blive jøder, men må gerne forblive hedninger. Det vil sige, at de *gerne må have andre ordninger inden for det offentlige styre, fordele goderne anderledes end Moses, og straffe anderledes end Moseloven.*

Ifølge Moseloven var det alene præsterne, der måtte modtage tienden, men vi kan give det til dem, som vores øvrighed fastsætter. Moses siger, at den ældste eller førstefødte søn skal have dobbelt arv, men vi kan dele arven efter vores gældende ret. Moses lærer, at man skal straffe tyvene, sådan at de dels må erstatte noget dobbelt og noget andet fire gange. Hos os skal man i sådanne tilfælde holde sig til vores juridiske love. *Dog ville det være godt, om man gjorde forskel og ikke straffede alt tyveri lige hårdt.* Man ser ofte, at man straffer småtyverier lige så strengt som større tyverier.

Men for fredens skyld skal man ikke forkaste gamle love, selv om de er hårde og strenge. De gamle, der har udformet disse love, var klar over, at det var nødvendigt med hårde straffe over for sådanne udisciplinerede folk.

Derfor skal man holde sig til sit eget lands love for det er en del af den kristne frihed, som Paulus siger i Kol 3,11: "Her kommer det ikke an på at være græker og jøde, omskåret og uomskåret, barbar, skyte, træl, fri, men Kristus er alt og i alle." I Rom 13 stadfæster han også hedensk ret, når han lærer, at al øvrighed er fra Gud, ikke bare blandt jøderne, men også blandt hedningene. Derfor skal man underordne sig enhver øvrighed, ikke blot de kristne, men også hedenske.

Alle love bør dog have det formål, at de roser den gode gerning og straffer den onde, som Paulus lærer i Rom 13. Men selv om de straffer hårdere en Moses, er de ikke dermed urette.

Det siger vi, fordi der er nogen, der råber op mod landets almindelige ordninger for tiende, straffelove og lignende. Det er til dels også årsagen til *bondeoprøret* for tolv år siden. *Sådanne ballademagere skal straffes som oprørere.* For vi skal have ærefrygt for al verdslig lov og ordning som Guds vilje og lov. For Salomo siger i Ord 16, 10: "Der er lagt et domsord på kongens læber." Det betyder, at det øvrigheden forordner og påbyder, skal holdes som Guds ordning. Det står der skrevet meget om i Romerbrevet 13.

## Femte - tiende bud

De andre bud er udlagt af Kristus selv i Bjergprædike-
nen i Matthæus 5.

Her bør folk også formanes til redelig at betale de
skatter og afgifter, som bliver dem pålagt. Skønt nogle
kontrakter er skrappe, er enhver alligevel skyldig at
betale på grund af den pligt og lydighed, de har mod
øvrigheden, for at landet kan beholde fred. Hvis no-
gen nægter at betale sin skat eller gæld, hvad er det da
andet end at gøre sig skyldig i både tyveri og mord?

*Specielt skal især de, der går for at være kristne, vise
den kærlighed, der villig bærer alle byrder.* De bør give
også, når de ikke er skyldige til det og betale det, de
med urette besværes med. De skal ikke selv søge hævn,
som Kristus lærer i Matt 5. Det er rimeligt, at vi gerne
viser det hellige evangelium den ære, at vi retmæssig
betaler, for at evangeliet ikke skal blive spottet og hå-
net, som det sker ved dem, der under skin af evange-
liet prøver at undgå skat og blive fri for andre verdslige
byrder.

## Om modgang

Til det tredje stykke i det kristne liv, eller gode gernin-
ger, hører også at man véd, hvordan man skal for-
holde sig i modgang.

For det første skal man undervise folk om, at al modgang er fra Gud. Det gælder ikke blot åndelige, men også legemlige trængsler som fattigdom, sygdom, børnenes ulykker og ulykker på ejendele og penge. Grunden til dette er, at Gud derved påminder og driver os til bod, som der står skrevet i 1 Kor 11, 32: "Men når vi dømmes af Herren, opdrages vi, for at vi ikke skal blive fordømt sammen med verden."

Nu er det ikke nok, at vi véd, at Gud tilskikker os disse ting. *Vi skal også lære, at råbe til Gud i nøden og have tiltro til at han vil hjælpe, som det blev sagt før i forbindelse med bønnen.* Sådan siger Gud også i Salme 50, 15: "Råb til mig på nødens dag, så vil jeg udfri dig, og du skal ære mig."

Samtidig skal man også minde om, hvor svagt mennesket er, og at *Djævelen* uafbrudt forsøger at friste os til synd, så han kan påføre os både timelig og evig vanære og ulykke. Kristus siger jo i Joh 8, 44 at Djævelen er en morder og Peter siger i 1 Pet 5, 8: "Vær årvågne og på vagt! Jeres modstander, Djævelen, går omkring som en brølende løve og leder efter nogen at sluge." Derfor skal vi uafbrudt leve i gudsfrygt, våge og bede om at Gud vil beskytte og lede os. *For det er troens rette øvelse, at stride med bøn mod sådan fare.* Kristus siger det sådan i Luk 21, 36: "Våg altid, og bed."

Denne vejledning har vi givet præsterne og formanet dem til at *prædike disse ting klart og tydeligt.* Disse punkter om boden, troen og de gode gerninger, som vi her har gennemgået, er *de vigtigste stykker i det kristne liv*. Ting, som almindelige mennesker ikke forstår, skal prædikanterne lade ligge.

## Dåbens sakramente

Dåben skal udføres som hidtil, så man døber børn. Ligesom man har omskåret børn, skal man også døbe børn. *Dåben symboliserer nemlig det samme som omskærelsen gjorde.* I 1 Mos 17, 7 siger Gud, at han vil beskytte og skærme de børn, som bliver omskåret: "Jeg vil være din og dine efterkommeres Gud." Og i vers 8: "Og jeg vil være deres Gud." På samme måde er også de børn, som bliver døbt, under Guds beskyttelse. Derfor skal man også indtrængende påkalde Gud på hans løfter.

Man skal undervise folk om, at dåben bringer sådanne store goder med sig, at Gud vil være barnets beskytter og hjælper og tage det til sig. Og for at de, der er til stede ved dåben, kan forstå bønnen og ordene i dåben, skal man døbe på modersmålet.

Når man prædiker om sakramenterne, skal man også undertiden minde folk om, at de skal tænke på deres egen dåb. Gud tager sig ikke kun af os i vores barndom, men gennem hele livet. Dåben er ikke kun et tegn for børnene, men skal også drive og formaner de voksne til bod. For dåbsvandet symboliserer bod, anger og sorg. Samtidig skal dåben også vække troen på, at den, der angrer sine synder, har tilgivelse og renselse. For denne tro er den fuldkomne dåb.

Om salving med olier skal man ikke strides. Den rette salve, som alle kristne er salvet med af Gud selv, er Helligånden, som man kan læse i Es 61, 1 og Ef 1, 17.

## Nadverens sakramente

Om vores Herre Jesu Kristi sande legeme og blods sakramente, skal man fremhæve disse følgende tre lærestykker for folk:

Det første er at de skal tro, at Jesu sande legeme er i brødet og at Jesu sande blod er i vinen. For sådan lyder Kristi ord hos evangelisterne Matthæus, Markus og Lukas: "Dette er mit legeme" Og: "Drik alle heraf! Det er den nye pagt i mit blod, som udgydes for jer til syndernes forladelse." Paulus siger ligeledes i 1 Kor 10, 16: "Brødet, som vi bryder, er det ikke fællesskab med Kristi legeme?"

Hvis brødet ikke er Kristi sande legeme, men alene Guds ord, som nogen tolker det, så er det jo ikke fællesskab med Kristi legeme, men alene fællesskab med Guds ord og Ånd. Paulus siger også i 1 Kor 11, at denne spise ikke må anses for almindelig mad, men for Kristi legeme. Han irettesætter dem, der uden frygt modtager det som almindelig mad.

Præsterne skal også læse, hvad de gamle har skrevet om dette, for at de selv kan lære det bedre og undervise andre. Hilarius siger i den 8. bog om Den hellige Treenighed, at fordi Kristus har sagt det, skal man ikke tvivle på, at det er Kristi sande legeme og blod.

Og man skal huske på, at dette store mirakel ikke sker på grund af præstens fortjeneste, men fordi Kristus har forordnet, at *hans legeme og blod er til stede, når man bruger nadveren.* Solen står jo heller ikke op på grund af vores fortjeneste, men fordi Gud har bestemt det.

For det andet skal præsterne undervise folket om, er at det er rigtigt at modtage både brød og vin. Efter at det hellige evangelium, Gud være lovet, er kommet for dagen, ser vi det klart bevidnet, at man skal give og modtage både brød og vin. Sådan har Kristus nemlig forordnet det, som de tre evangelister Matthæus, Markus og Lukas skriver. Paulus har også praktiseret dette, som man ser i 1 Kor 11. En sådan guddommelig indstiftelse passer det sig ikke for noget menneske at ændre på. Der er da heller ingen, der ville ændre på et menneskes sidste vilje, som Paulus skriver i Gal 3, 15. Hvor meget mindre passer det sig da at ændre Guds vilje!

Derfor har vi undervist præsterne og prædikanterne om, at de skal fremholde Det Nye Testamentes lære om nadverens to dele. Det skal de gøre frimodigt og klart for enhver, hvad enten de er stærke, svage eller modvillige. De skal på ingen måde tolerere, at der kun bruges brød ved nadveren. Denne fremgangsmåde skal de påtale som forkert og i modstrid med vor Herre og frelser Jesu Kristi indstiftelse og sidste vilje. Selve læren skal således prædikes fri, ren og offentlig.

(Følgende afsnit fra udgaven i 1528 slettede Luther i 1538, da de svage i troen nu var blevet undervist grundigt i 10 år):
Man kan imidlertid ikke tvinge nogen til tro og man kan heller ikke føre nogen ud af deres vantro ved påbud eller ydre magt. *Gud ønsker ikke tvungne tjenester, men alene frie, villige tjenere.* Folk er også forskellige af sind og har forskellige vaner. Derfor har det været, og er stadig umulig at fastsætte på hvilken måde og over for hvem, man skal uddele både brød og vin efter Kristi lære eller kun brødet.

Selv om vi derfor frimodigt har påbudt, at man skal prædike læren ren og tydelig, som Kristus har givet den, så har vi ikke kunnet fastsætte en bestemt fremgangsmåde for brugen af nadveren alle steder. Folk har været bundet i en forkert opfattelse mange steder og nogle er stadig i tvivl om rigtigheden af at bruge både brød og vin. Derfor må man *se tiden an og lægge sagen i Guds hånd.*

Dette punkt er imidlertid aktuelt hele tiden og angår samvittigheden. Vi har derfor opstillet en vejledning i overensstemmelse med Guds råd, så præsterne ikke skal være helt uden retningslinjer. Den må man bruge, indtil Helligånden finder på noget bedre.

For det første har vi ovenfor påpeget at læren om at bruge nadveren med både brød og vin, er efter Kristi indstiftelse. Når det gælder læren, skal dette fastholdes og prædikes uforandret for både de svage og de modvillige, ja, for enhver.

For det andet: Når det drejer sig om svage i troen, der hidtil ingenting har hørt, eller *ikke er blevet tilstrækkelig undervist og styrket i evangeliets ord*, da kan man nøjes med at give dem brødet *et stykke tid endnu*. Der er her tale om mennesker, der ikke er hårdnakkede, men som af svaghed og frygt i deres samvittighed ikke kan modtage både brød og vin. Hvis de ønsker det, kan præsten eller prædikanten række disse folk brødet alene.

Begrundelsen for dette er, at denne praksis ikke fornægter eller modsiger *læren* om både brød og vin i nadveren. *Det er kun brugen eller praksis, der for en tid tålmodigt bliver ophævet for kristen kærligheds skyld.* På samme måde var Kristus også i mange stykker overbærende med sine apostle, når de ikke havde ret, som da de ville udrydde samaritanerne med ild, Luk 9. Ligeledes da de skændtes om, hvem der skulle være den fineste, Matt 20. Han tilbageholdt også mange ting, som de hverken kunne bære eller gøre på daværende tidspunkt, fordi de ikke havde modtaget Helligånden. Også i dag tåler Gud meget af os og er tålmodig i mange ting, selv om det er uret eller er utilstrækkeligt, som en svag tro og andre skrøbeligheder, Rom 14 og 15.

Men så længe læren i sådanne stykker bliver opretholdt i alle ting og ingenting bliver lært i modstrid med den, så undskylder og bærer kærligheden sådan ufuldkommen brug af læren.

Det er også uvenligt, ja ukristen, at tvinge sådanne svage til at modtage sakramentet under begge skikkelser eller nægte dem én skikkelse. For derved bliver de tvunget til at synde. Modtager de nemlig begge skikkelser mod deres samvittighed, så angrer de det bagefter og gør bod for det, som for et stort kætteri. Det har vi ofte erfaret. Videre agter de det for kætteri, når de ikke må modtage sakramentet under en skikkelse, som de er vant til. Uanset om det er falsk, bliver deres svage tro på begge måder besværet med sådanne store synder som kætteri. Det er meget værre end at de en tid ikke adlyder eller praktiserer læren om nadverens brød og vin. Som Paulus siger i Rom 14, 23: "Den, der har sine tvivl og så spiser alligevel, han er domfældt."

Således viste Paulus tålmodighed med omskærelse og jødiske spiseforskrifter, blot læren om friheden til at spise alle ting lød frit. Hvis man ikke taler imod denne frihed, kan brugen af den lade vente på sig hos de svage. Friheden bliver da bevaret både til at lære og praktisere den kristne frihed og Guds rette bud og ordninger. (Her slutter det afsnit, Luther udelod i 1538-udgaven).

Hvor det drejer sig om nogle, der er modvillige og hverken vil lære eller handle ret, da skal man slet ikke give dem nadveren, men lade dem fare. Ligesom Paulus ikke ville lade Titus omskære, da jøderne pressede på og ville fordømme den kristne frihed, Gal 2, 3.

Disse modvillige folk er ikke kun ufuldkomne i brugen af læren, men de vil også have læren fordømt og anset for urigtig. Det skal man hverken finde sig i eller tolerere. For læren skal holdes ren og klar, og brugen holdes i hævd, da den er tilstrækkelig erkendt og mange også har lidt for den.

*Det tredje stykke er det allervigtigste.* Det er at man lærer, *hvorfor* man skal bruge sakramentet, og hvordan man skal være skikket til det.

For det første skal præsterne undervise folket om, hvor stor synd det er at vanære nadveren og ikke bruge den ret. For Paulus siger i 1 Kor 11, 27: "De forsynder sig derfor imod Herrens legeme og blod." Og han tilføjer: "De spiser og drikker sig en dom til." Og: "Derfor er der mange syge og svage hos jer, og ikke så få sover hen." For Gud siger i det andet bud: "Herren vil ikke lade den ustraffet, der vanærer hans navn." Uden tvivl vil heller ikke vanæren at Herrens legeme og blod forblive ustraffet. Det skal man omhyggelig fremholde for folk, for at udgå denne synd og vække dem til frygt, bod og bedring. *Derfor skal de, der lever i åbenlys synd, begår ægteskabsbrud, lever i drikkeri og lignende, og ikke vil holde op med det, heller ikke have adgang til nadveren.*

For det andet skal ingen deltage i nadveren, som ikke har været hos præsten først. Præsten skal forhøre sig, om vedkommende er blevet undervist om nadveren eller i øvrigt har andre problemer. Undtaget er dog personer, om hvem man véd og ser, at de er vel skikket til at gå til nadver. For hvis præsten eller prædikanten selv, der daglig står for nadveren, ønsker at modtage nadveren uden skriftemål og samtale, så er det ikke forbudt. Det samme gælder andre erfarne personer, der udmærket *selv kan forberede sig til nadveren og selv holde skriftemål.* Vi skal ikke indføre en ny pavetvang eller gøre skriftemålet til noget frelsesnødvendigt. Sjælesorgen må og skal være en frivillig sag. *Og jeg, Doktor Martin, har selv været til nadver nogle gange uden at have skriftet først.* Det har jeg gjort, for at min samvittighed ikke skulle gøre skriftemålet til noget absolut nødvendigt. Dog har jeg også atter brugt skriftemålet og vil nødig undvære det, *allermest på grund af absolutionen, som er Guds ord.* Men unge mennesker og uerfarne folk må man opdrage og behandler anderledes end de erfarne og øvede.

Man skal lære, at det kun er dem, der har virkelig anger og sorg over deres synder og har en anfægtet samvittighed, der er rigtig forberedt til at modtage nadveren. For *udisciplinerede folk, uden gudsfrygt, skal ikke have adgang til nadveren.* For det står skrevet i 1 Kor 11: "Gør dette, hver gang I gør det, til ihukommelse af min død!"

Men at ihukomme Kristi død er ikke bare at høre historien blive prædiket, men også at forskrækkes over at Gud viser en så voldsom vrede mod synden, at han lod sin egen søn dø derfor. Ingen engel og ingen hellig var i stand til at gøre fyldest for synden, men Kristus, som selv er Gud, måtte ofre sig. Hvilke strenge straffe vil så ikke ramme dem, der regner synden for noget ubetydeligt, når de hører, hvor stor Gud regner den!

Den, der nu ihukommer Kristus ret, skal modtage nadveren og søge trøst. Ikke fordi den ydre spisning trøster hjertet, men den er et tegn på trøsten og syndernes forladelse. *Dette tegnet opmuntrer hjertet til at tro*, at Gud tilgiver den angrende synden.

Hjertet skal vækkes og opmuntres til tro, ikke alene ved at spise og drikke, men også ved de ord, der lyder ved nadveren. I disse ord lover Gud tilgivelse for synden. "Det er mit legeme, som gives for jer." Og: "Dette bæger er den nye pagt", det vil sige, det nye løfte, den lovede retfærdighed, det evige liv, "i mit blod, der udgydes for mange til syndernes forladelse."

Altså modtager man ikke syndernes forladelse ved det at spise og drikke, men ved troen, som vækkes ved ordet og tegnet.

Folk skal også påmindes om, at dette tegnet ikke blot er indsat for at opvække troen, men *også for at opmuntrer os til kærlighed*. Som Paulus siger i 1 Kor 10, 17: "Fordi der er ét brød, er vi alle ét legeme, for vi får alle del i det ene brød." Derfor skal vi ikke være misundelige eller sure, men have omsorg for hinanden, hjælpe hinanden økonomisk og med alle andre slags tjenester, som Gud har befalet os.

En sådan formaning skal man ofte give. For når man er misundelig og sur, og ikke vil vise kærlighed, hvad andet er det så end at foragte Kristi legeme, hvis man alligevel vil regnes for et lem på Kristi legeme?

## Den kristne bod

*Boden regnes også med blandt sakramenterne*, fordi alle sakramenter symboliserer bod. Der er også andre grunde, som det ikke er nødvendig at nævne her.

Nu har vi ovenfor påpeget, at det er nødvendig at prædike bod og straffe den mangel på gudsfrygt, som nu findes i verden. Denne mangel kommer delvis på grund af *en forkert opfattelse af troen*. Mange, der hører, at hvis de tror, så er alle deres synder tilgives, *opdigter nemlig deres egen tro* og mener, de er rensede. Derved bliver de sikre og udisciplinerede. *Denne kødelige sikkerhed er værre end alle de vildfarelser, der har været tidligere.* Derfor skal man lære folk, hvor troen eksisterer og hvordan man kommer til den. *En ret tro kan nemlig ikke eksisterer, hvor der ikke findes en ret anger og en ret frygt og skræk for Gud.*

Dette er det strengt nødvendig, at fremholde for folk. For hvor der ikke er anger og smerte over synden, findes der heller ingen ret tro. Sådan står der i Salme 147, 11: "Herren glæder sig over dem, der frygter ham, og som venter på hans trofasthed." Gud siger også selv i Ezekiel 3,18 at når en prædikant ikke straffer folks vildfarelser og synder, så vil han kræve deres sjæl af hans hånd. Gud fælder denne dom over de prædikanter, der *nok kan trøste folk og tale meget om troen og syndernes forladelse, men intet siger om bod, gudsfrygt og dom.* Jeremias straffer dem også, når han i 6, 14 siger, at man ikke skal tro dem, der råber fred, fred, når Gud dog er vred og der ingen ret fred er.

Ja, det er at frygte for at Gud vil straffe disse prædikanter og deres elever hårdt for den slags sikkerhed. Det er nemlig den synd, som Jeremias klager over i 6, 15: "Skammen føler de ikke, spotten forstår de ikke." Og Paulus fordømmer dem, der uden smerte i hjertet lever et ubekymret, vildt liv, Ef 5, 5: "For det skal I vide, at ingen utugtig eller uren eller grisk – det er det samme som en afgudsdyrker – har lod og del i Kristi og Guds rige. Lad ingen føre jer bag lyset med tomme ord; for det er den slags, der nedkalder Guds vrede over ulydighedens børn. Gør derfor ikke fælles sag med dem!"

*Den rette bod er af hjertet at angre og have sorg over sin synd og inderlig forskrækkes for Guds vrede og dom.* Det er hvad der menes med anger og syndserkendelse. Et andet udtryk for bod er "kødets dødelse", og der er også mange andre betegnelser i Skriften for angeren.

Når nogen hører ordene "kødets dødelse", tænker de blot på det at holde kødet i tømme. Men at *holde kødet i tømme* er snarere det nye livs gerning. Før det kan ske, må *dødelsen af kødet* finde sted, og det er netop en sand anger.

Ligeledes taler nogen om, at man må komme til erkendelse af, at hele naturen er ond, osv. *Når man véd det*, så har man en rette erkendelse, tror de - og bliver således blot sikre.

Det er imidlertid noget helt andet, der ligger i ordene om at komme til erkendelse af synden og at denne erkendelse kommer ved loven. Erkendelsen af synden indebærer nemlig *at føle* anger og *smerte* over synden og af hjertet at *forskrækkes* for Guds vrede og dom. Således erkendte David sin synd, da profeten Nathan kom til ham og straffede ham, 2 Sam 12,13. David vidste udmærket godt i forvejen, at han havde syndet, men han havde endnu ikke nogen anger. Derfor havde han endnu ikke nogen ret syndserkendelse.

Det er også svært at forstå menneskets natur og acceptere, at alt i os er syndigt. Uerfarne mennesker fatter det ikke. *Det er ikke en erkendelse, man hurtig kommer frem til, at man også synder, når man gør gode gerninger* og derfor også må ængstes over sine gode gerninger. Som Salomo siger i Præd 7, 20: "Intet menneske på jorden er så retfærdigt, at han kun gør det gode uden at synde."

Man er nødt til at lære børnene at sætte sig pænt på stolene. På samme måde må man lære at angre og gøre bod ved hjælp af de åbenlyse synder, som alle forstår. Man skal straffe drikkeri, udisciplineret seksualitet, surhed og had, materialisme og løgn og lignende ting. Folk skal vækkes til anger ved at fremholde Guds dom og straf og eksempler fra Skriften, hvor Gud straffer synden.

Men over for hyklerne er det også nødvendig, at man ikke glemmer at Guds vrede og straf også kommer over de falske tjenere eller hyklere, der spotter Guds navn under et fromt skin.

Nogle mener, at man slet ikke skal formane folk til bod, fordi det er Gud, der virker den rette anger i vores hjerter. Det er ganske vist sandt, at det er Gud, der virker en rette anger, men han gør det jo ved Ordet og prædikenen. Ligesom man formaner folk til tro, og Gud virker troen ved denne prædiken, sådan skal man også formane og vække til anger, men overlade til Gud i hvem han vil skabe angeren. Gud virker disse ting i os gennem prædikenen. Som Moses siger i 5 Mos 4, 24: "Herren din Gud er en fortærende ild", som virker anger i os ved prædikenen om Guds dom og vrede.

Altså er den første del af boden anger og smerte over synden. *Den anden del af boden er troen på, at synden bliver forladt for Kristi skyld.* Denne tro virker lyst til det gode. Altså modtager vi syndernes forladelse ved troen, som Paulus siger i Rom 3, 25. Men, som vi ofte har sagt, kan denne tro ikke eksistere, hvor der ikke inden har været anger og sorg. For *anger uden*

*tro* er den anger, Judas og Saul havde, og som er for-
tvivlelse. Ligesom *tro uden anger* skaber hovmodig og
kødelig sikkerhed.

I pavedømmet har man tidligere lært, at der hører
tre stykker til boden, nemlig anger, skrifte og fyldest-
gørelse. Nu har vi talt om den første del, at anger og
smerte over synden altid skal forkyndes, og at synds-
erkendelse og kødets dødelse netop er denne anger og
smerte. Det er også godt at bruger ordene ”anger” og
”sorg”, da disse ord er klare og lette at forstå.

## Det rette skriftemål

Det papistiske skriftemål er ikke påbudt, nemlig at
man skal bekende alle synder. Det er jo også umuligt,
som der står i Salme 19, 13: ”Hvem lægger mærke til
uforsætlige synder? Rens mig for skjulte synder!”

Der er dog mange andre grunde til at man skal op-
fordre folk til at bruge det private skriftemål. Især i til-
fælde hvor man har brug for *vejledning* og har *særlige
problemer.*

Man skal ikke give nogen adgang til nadveren, som
ikke på forhånd har haft en samtale med præsten, om
han er parat. For Paulus siger i 1 Kor 11 at man pådra-
ger sig skyld over for Kristi legeme og blod, hvis man
modtager det uværdig.

Det er ikke kun de, der *modtager nadveren uværdig*, der vanærer det, men også de, der *skødesløst uddeler det* til uværdige. Mange almindelige mennesker går til nadver af gammel vane og véd ikke, hvorfor man egentlig skal bruge nadveren.

De, der ikke véd det, skal man ikke give adgang til nadveren. I undervisningen om nadverens brug skal man også formane folk til at bruge skriftemålet, hvis de har ting, der plager deres samvittighed. Så kan de modtage trøst, når de med et ret angrende hjerte hører absolutionen forkyndt.

Især skal man tydeligt fremhæve absolutionen i forkyndelsen. Det er Guds stemme, hvor enhver personligt får syndernes forladelse og bliver frikendt. Herved bliver troen vækket og styrket.

Det hele skal dog forblive frit og det skal være tilladt, at bruge sin normale sjælesørger, i stedet for den tjenestegørende præst, hvis man hellere vil det. *Hvis de er godt hjemme i troen og i Kristi lære, skal det også stå dem frit for, hvis de kun ønsker at skrifte for Gud og derpå modtage nadveren.* Man skal ikke tvinge dem yderligere. Det må være op til enhvers samvittighed, som Paulus siger i 1 Kor 11, 28: ”Enhver skal prøve sig selv, og så spise af brødet og drikke af bægeret.”

## Den rette kristne fyldestgørelse for synden

At gøre fyldest for vores synder er ikke vores gerning. Det er alene Kristus, der har gjort fyldest for vores synder. Derfor skal man til stadighed fordømme den fyldestgørelse, som læres i pavedømmet med skærsild, messer, valfarter, osv. Disse ting hører ikke med til vores bod, men det er *Kristi bod*, der har gjort bod og gjort fyldest for os uden vores fortjeneste. Det hører meget mere med til troen, at vi véd, at *Kristus har gjort bod for vores synder.* For det er ikke nok, at vi véd, at Gud straffer synden og at man skal angre sine synder. Man må også vide, at Gud tilgiver synden på grund af Kristus og at *man modtager denne tilgivelse med troen,* når man tror, at Gud tilgiver synden for Kristi skyld. *Anger og tro må være sammen.* For anger uden tro fører til fortvivlelse, som hos Judas og Saul. Og man kan heller ikke have en sand tro uden anger.

Dette skal man fremholde for folk. For det første skal man vække folk til frygt. For det er en så stor Guds vrede over synden, at ingen kan gøre fyldest for den uden Kristus, Guds Søn, alene. *Det skal virkelig forskrække os, at Gud vredes så strengt over synden.* Det er værd nøje at bemærke sig Kristi ord i Luk 23, 31: ”For gør de sådan med det grønne træ, hvad skal så ske med det tørre?” Måtte Kristus lide sådan for vores synders skyld, hvor meget mere må vi så ikke lide, hvis vi ikke vil angre, men foragter Gud?

Den, der ikke har noget bedre, kan kort og godt bruge de to stykker "død" og "liv". Det skulle jo være til at forstå. Døden kommer fra synden, 1 Mos 2, 17 og Rom 6, 23: "Syndens løn er døden." Derfor skal man med allerstørste omhu *understrege Guds store vrede*, at han har straffet synden med døden, og endnu gør det og truer med døden, hvis man ikke omvender sig. *Folk glemmer denne vrede og tænker ikke på, at de må dø, fordi de synder.* Derfor skal man minde dem om det og lade Moses ramme dem med sin stråleglans, som er Guds lov, så de forskrækkes for døden og Guds vrede. For Guds vrede og døden kan ikke åbenbares uden ved loven, Rom 3, 20. *Derfor skal man flittigt forkynde loven og udpensle synden.*

De, der nu bliver ramt af Moses stråleglans og bliver ydmyget og forskrækket af denne Guds vrede, så de *føler døden eller smerten*, det er dem, der angre og gør bod. For når man føler Guds vrede og dødens brod forstummer latteren og glæden over synden. Udtrykket "at dø" er jo let nok at forstå, nemlig at forskrækkes for døden og frygte for Guds vrede.

Derefter skal det andet stykke af boden følge, så man omhyggeligt forkynder for disse mennesker, at det er nok med en sådan dødelse eller frygt for døden. Gud ønsker ikke at vi skal dø, men at vi skal leve. Som Salme 30, 6 siger: "Hans vrede varer et øjeblik, hans nåde hele livet." Og Ezekiel 18, 32: "Jeg ønsker ikke nogens død, siger Gud Herren. Vend om, så skal I

48

leve!" Det er under dette punkt, den kære Kristus hører til, ham, der kommer efter Moses og har dræbt døden for os, osv.

Men de, der ikke frygter døden og stråleglansen fra Moses, de begærer med sikkerhed heller ikke livet og Kristus. *Vi ser jo for vores øjne, hvordan folk foragter både loven og evangeliet.* De spørger ikke efter, om de skal leve eller dø. For dem kan og skal man intet prædike. De er intet andet end svin og hunde, der nedtramper det hellige og sønderriver os.

*Man skal altså tilskynde folk til troen.* Skønt vi ikke har fortjent andet en fordømmelse, så tilgiver Gud os dog, uden vores fortjeneste, for Kristi skyld. Det er at gøre fyldest for synden. For *ved troen modtager man syndernes forladelse,* når man tror, at Kristus har gjort fyldest for os. Som Johannes siger i 1 Joh 2, 2: "Kristus er et sonoffer for vore synder, og ikke blot for vore, men for hele verdens synder."


## Om menneskelige kirkeordninger

Man ser meget uforstand omkring de menneskelige kirkeordninger på grund af fejlfulde prædikener. Derfor er præsterne blevet formanet til at lægge større vægt på de stykker, der er nødvendige. Det gælder den kristne bod, som vi har gennemgået oven for, desuden troen, gode gerninger, gudsfrygt, bøn, at ære sine forældre, opdrage sine børn, ære øvrigheden, ikke være stridbar, ikke bære på had, ikke skade eller dræbe nogen, leve disciplineret, leve tugtig i ægteskab, ikke være havesyg, ikke stjæle, ikke leve i drikkeri, ikke lyve og ikke bagtale nogen. *Disse ting er vigtigere end om man med god samvittighed kan spise kød på fredage og den slags.*

Folk skal dog mindes om at *tale seriøst om kirkeordningerne*. Mange af kirkeordningerne er indført for god orden og fredens skyld. Som Paulus siger det i 1 Kor 14, 40: "Alt skal gå sømmeligt og ordentligt til."

Derfor skal helligdage, som søndage og nogle andre, holdes som menighederne rundt omkring hidtil har været vant til. For folk må have nogle faste tider at komme sammen på for at høre Guds ord.

Præsterne skal heller ikke strides, hvis nogen holder én helligdag og andre ikke. Enhver må gøre, som de er vant til på fredelig vis. Man skal dog ikke afskaffe alle helligdage, men det ville være godt, hvis alle enigt fejrer søndagene, Maria bebudelsesdag, Marias renselse, Marias besøg hos Elisabet, Johannes døberens dag, Mikkelsdag, Aposteldagene og Magdalenas dag. Nogen af disse fester er ganske vist allerede afskaffet, og alle kan nok ikke med rimelighed genindføres. Især bør man beholde Kristi fødselsdag, Kristi omskærelsesdag, helligtrekonger, påsken, Kristi himmelfartsdag og pinsen.

*Imidlertid skal man rense disse fester for alle ukristne legender og sange.* Disse helligdage er indført, fordi man ikke kan lære alle ting i evangelierne på én gang. Derfor har man fordelt tingene over kirkeåret. Det er ligesom i skolen, hvor man én dag læser Vergil, en anden dag Homer. Man bør også holde de sædvanlige helligdage i ugen før påske. På de dage skal man prædike over Kristi lidelse. Der er ingen grund til, at man ændrer disse gamle traditioner eller ordninger. På den anden side er det heller ikke absolut nødvendigt, at man kun prædiker om Kristi lidelse på dette tidspunkt.

Folk skal undervises om, at sådanne helligdage kun skal holdes for at lære Guds ord. *Hvis der skal ordnes nogle aktuelle småting, kan man udmærket udføre det.* Gud kræver nemlig kun en sådan ordning for lærens skyld. Som Paulus siger i Kol 2, 16: "Lad derfor ikke nogen dømme jer på grund af mad eller drikke, eller på grund af fester eller nymåne eller sabbatter."

Foruden disse bestemmelser, der er indført for god ordens skyld, findes der også nogen, der er indført i den hensigt at forsone Gud og opnå nåde. Det kan være bestemte fastedage og kødfrie fredage. Her lærer Kristus i Matt 15, 9 at sådanne ordninger ikke formår at forsone Gud. Han siger: "Forgæves dyrker de mig, for det, de lærer, er menneskebud." Ligeledes lærer

Paulus i 1 Tim 4, 1, at hvor man indfører kirkeordninger for at forsone Gud, så er det dæmoners lærdomme.

Paulus siger også i Kol 2, 16, at vi ikke skal lade nogen dømme os for sådanne ordningers skyld. Det vil sige, at man ikke skal indføre sådanne bestemmelser og heller ikke lære at man synder, hvis man bryder dem. Man skal heller ikke lære, at det er en tjeneste for Gud at holde sådanne bestemmelser.

Apostlene har ifølge Matt 15, 1 brudt sådanne bud. Dog skal man påpege over for folk, at man ikke ændrer sådanne ordninger blandt dem, som endnu ikke er undervist, for at de ikke skal tage anstød. *Man skal ikke bruge troen til skade for kærligheden, men for at forøge kærligheden.* For Paulus siger i 1 Kor 13, 2: "Om jeg har al tro, så jeg kan flytte bjerge, men ikke har kærlighed, er jeg intet."

Her skal folk også belæres om, hvilken forskel det er på menighedsordninger og øvrighedens love. For al verdslig øvrighed skal adlydes, fordi den holder orden til bedste for freden og kærligheden. Den kan nemlig ikke forordne nogen ny gudstjeneste. Derfor skal man adlyde, med mindre den påbyder at gøre noget mod Guds bud, som når øvrigheden påbyder, at man skal opgive evangeliet eller andre ting i Bibelen. I sådanne tilfælde skal man holde sig til reglen i ApG 5, 29: "Man bør adlyde Gud mere end mennesker!"

Sjælemesser og andre betalte gudstjenester skal man ikke holde længere. Skulle sjælemesser, vågemesser, osv., gælde, så kunne man jo aflægge synden ved gerninger. Men Kristus er det eneste Guds lam, som borttager verdens synd, som Johannes Døberen siger i Joh 1, 29. Derfor er nadveren indstiftet for de levende og ikke for de døde, for at Kristi legeme og blod kan nydes og Kristi død ihukommes. Ingen andre end de, der er i live, kan ihukomme Kristi død.

Hvordan præsterne skal forholde sig til gudstjenesteritualet, véd de godt fra andre skrifter. Det er heller ikke nødvendigt, at undervise folk om dette i detaljer.

Nogen holder gudstjeneste på modersmålet, andre på latin. Vi lader begge deler ske. Dog holder vi det for nyttig og godt at man holder gudstjeneste på modersmålet, på de steder, hvor latin er uforståeligt for de fleste. Dermed kan folket bedre forstå sangen og det, som bliver læst. Det taler Paulus om i 1 Kor 14, 16-17: "For når du lovpriser med ånden, hvordan skal så den, der ikke er fortrolig hermed, kunne sige amen til din takkebøn? Han forstår jo ikke, hvad du siger. Nok er din takkebøn god, men den anden opbygges ikke." Paulus siger også i det samme kapitel, v. 26: "Alting skal være til opbyggelse."

På de store festdage som Kristi fødselsdag, påske, himmelfartsdag, pinse eller sådanne dage, kunne det være godt om man sang en eller anden latinsk sang efter Skriften. Det er ikke passende kun at synge én sang. Hvis man vil lave tyske salmer, skal enhver ikke prøve på det. Det skal *kun de gøre, som har gaver til det.*

Vi har sagt, at man skal og bør holde enkelte helgenfestdage, så folk kan høre og lære Guds ord. Men meningen er ikke, at vi vil stadfæste eller prise påkaldelsen af de hellige og deres forbøn. For Jesus Kristus er alene mellemmanden, som træder frem for os, som Johannes siger i 1 Joh 2, 1 og Paulus i Rom 8, 34.

De hellige bliver æret på ret vis, når vi véd, at de fremstilles for os som den guddommelige nådes og barmhjertigheds spejl. Peter, Paulus og andre hellige, som havde vort kød, blod og svaghed, er blevet salige af Guds nåde ved troen. Vi bliver trøstet ved deres eksempel, på den måde at Gud også vil regne vores svaghed os til bedste og tilgive den, når vi sætter vores lid til ham og tror, sådan som de, og anråber ham i vores svaghed.

De helliges ære består også i, at vi øver os og vokser i troen og gode gerninger, sådan som vi ser og hører, de har gjort. Derfor bør menigheden opvækkes til tro og gode gerninger ved de helliges eksempel, som det står i Hebr 13, 7: ”Tænk på jeres ledere, som har talt Guds ord til jer, betragt udfaldet af deres livsløb og efterlign deres tro.”

Peter formaner også hustruerne til, at de skal følge deres mor Sara i hjertets prydelse, i en mild og stille ånd. Han siger i 1 Pet 3, 5: "For det var sådan, de hellige kvinder, der håbede på Gud, i sin tid smykkede sig, idet de underordnede sig under deres mænd; således bøjede Sara sig for Abraham og kaldte ham herre, og når I gør det gode og ikke frygter nogen trussel, er I blevet hendes børn."

## Ægteskabssager

Præsterne skal flittig undervise folk om, at Gud har indstiftet ægteskabet. Så vi kan bede ham om hjælp og håbe på ham i alle *ægteskabsproblemer*. Fordi Gud har indstiftet og velsignet ægteskabet i 1 Mos 2, 18, så kan ægtepar stole på og forvente, at Gud vil skænke dem *nåde og hjælp i alle vanskeligheder*. Sådan siger Salomo i Ord 18, 22: "Har man fundet en hustru, har man fundet lykke og opnået Herrens velbehag." Derfor skal der også udvises disciplin i ægteskabet, så man viser hinanden *tålmodighed og kærlighed*, og *øver sig* i det, Ef 5. Derfor må de heller *ikke forlade hinanden* og blive skilt, som Kristus selv siger i Matt 19.

I ægteskabssager ser vi, at man i mange tilfælde misbruger den kristne frihed på en letsindig og trodsig måde, der forårsager unødig forargelse og modvilje. Derfor skal præsterne optræde med klogskab og fornuft i ægteskabssager, når det gælder ægteskab blandt nært beslægtede og lignende forhold. For som Paulus lærer os i Gal 5, 13, er den kristne frihed ikke givet os, for at vi skal bruge den til at søge og tilfredsstille vores egne lyster og ønsker, men for at man med fri samvittighed kan leve for sin næste og tjene ham: "I blev kaldet til frihed. Brug blot ikke friheden som et påskud for kødet, men tjen hinanden i kærlighed." Men hvis præsterne i sådanne sager er usikre eller i tvivl, skal de søge råd hos andre lærde eller lade sagen gå videre til de offentlige myndigheder, ifølge kurfyrstelig befaling.

## Fri vilje

Der er også mange, der taler ukorrekt om den frie vilje. Derfor har vi skrevet følgende korte vejledning:

Mennesket har af egen kraft en fri vilje til at gøre eller undlade ydre gerninger, drevet af lov og straf. Derfor kan mennesket også præstere ydre fromhed og gøre godt af egne kræfter, som Gud har givet og opholder. Paulus kalder det kødets retfærdighed. Det vil sige, det, som kødet eller mennesket gør af egen kraft. Formår mennesket således af egne kræfter at præstere en retfærdighed, så har det altså *et valg og en frihed* til at flygte fra det onde og vælge det gode. Gud kræver også sådan *ydre eller verdslig retfærdighed*, som det er skrevet i Gal 3, at loven blev givet, for at forhindre ydre synder. Og i 1 Tim 1, 9: "Loven er ikke bestemt for retskafne, men for lovbrydere og genstridige, for gudløse og syndige." Det er som vil Paulus sige: *Vi kan ikke forandre vort hjerte af egen kraft. Men ydre overtrædelse kan vi forhindre.* Man skal også lære, at Gud ikke har behag i et vildt hedensk liv, men kræver denne ydre retfærdighed af enhver. *Han straffer også et udisciplineret liv hårdt med alle slags ydre plager og evig pine.*

Denne ydre frihed bliver dog *hindret af Djævelen.* For når mennesket ikke bliver beskyttet og regeret af Gud, driver Djævelen det til at synde, *så det heller ikke kan bevare en ydre retfærdighed.* Dette er det nødvendig at vide, så folket lærer, hvor svagt og elendig det menneske er, som ikke søger hjælp hos Gud. *Vi må erkende dette og bede Gud om hjælp til at forsvare os mod Djævelen, beskytte os og give os de rette guddommelige gaver.*

*Det andet* er, at mennesket *af egen kraft ikke kan rense hjertet* og udvirke de guddommelige gaver som sand anger over synden, virkelig og ikke opdigtet gudsfrygt, ret tro, hjertelig kærlighed, disciplin, sand tålmodighed, inderlig bøn, osv.

Paulus skriver i Rom 8 at det naturlige menneske ikke kan gøre noget, der behager Gud og ikke begriber Guds vrede. Derfor frygter det ham heller ikke ret, ser ikke Guds godhed, og derfor har det heller ingen tro og tillid til ham. *Derfor skal vi altid bede om, at Gud vil virke sine gaver i os. Det er det, den kristne fromhed består i.*

# Den kristne frihed

Nogle taler også ukorrekt om den kristne frihed, så folk får den opfattelse, at de er frie på den måde at de ikke behøver nogen øvrighed, og derfor heller ikke behøver at give det, de er skyldige. Andre mener, at den kristne frihed ikke er andet end at spise kød, ikke gå til skrifte, ikke faste, osv.

Sådanne vildfarelser i folket skal prædikanterne straffe og give en undervisning, der fører til forbedring og ikke til hovmod.

Nu er den kristne frihed først og fremmest at være *fri fra Djævelens magt, dvs. syndernes forladelse* for Kristi skyld uden vores fortjeneste og værdighed ved Den Hellige Ånd.

Når denne frihed bliver udlagt rigtigt, er den meget trøstefuld for de fromme og opmuntrer dem til at elske Gud og til at gøre kristne gerninger. Derfor skal man ofte gennemgå dette punkt. *For de, der ikke ved Helligånden bliver beskyttet, over dem har Djævelen magt og driver dem til store laster og skam.* En gør han til en ægteskabsbryder, en anden til en tyv, en tredje til en morder. Man ser at mange, som falder i en sådan skam, ikke véd, hvordan det er gået til, men *Djævelen har drevet dem.* Her ser vi menneskehedens fangenskab. For Djævelen hviler ikke. Han er en morder og spejder efter, om han kan tage livet af os *både legemligt og åndeligt.* Djævelens lyst og glæde består i vort fordærv.

Modsat er kristen frihed, at Kristus har lovet os Helligånden, for at han skal regere og bevare os mod sådan djævelsk magt. Kristus siger selv i Joh 8, 36: "Hvis altså Sønnen får gjort jer frie, skal I være virkelig frie."

Her skal folk formanes til frygt, så de tænker på, hvor stor fare de er i. Ingen er nemlig sikker mod synd og ulykke, hvis ikke Gud bevarer os. Men de skal også trøstes og formanes til tro og bøn, så de bliver bevaret ved Helligånden mod Djævelen. Kristus har også befalet at bede i Luk 22, 40: "Bed om ikke at falde i fristelse!" For Djævelen er ikke en lille og svag fjende, men han er verdens fyrste, som Kristus siger i Joh 12, 31; 14, 30 og 16, 11. Han er *denne verdens gud*, som Paulus siger i 2 Kor 4, 4. Derfor står kampen for os ikke mod kød og blod, men mod myndigheder og magter, mod verdensherskerne i dette mørke, mod ondskabens åndemagter i himmelrummet, som Paulus siger det i Ef 6, 12. Dog er det vores trøst, at ham, der er i os, er større en ham, der er i verden, som Johannes siger i 1 Joh 4, 4.

Dette stykke af den kristne frihed skal man ofte tage frem i prædikener, så folket kan vækkes til gudsfrygt og tro. Der er intet andet i den kristne lære, der skaber og bringer fromme hjerter mere glæde end dette, at vi véd, at Gud vil regere over os og beskytte os. Det har Kristus givet løfte om i Matt 16, 18: "Dødsrigets porter skal ikke få magt over jer."

*Det andre stykket* om den kristne frihed handler om, at Kristus ikke binder os til ceremonierne og retsordningerne i Moseloven. En kristen kan bruge retsordninger fra alle lande. En bruger sachsisk lovgivning. Andre bruger den romerske. Alle disse ordningerne godkender og stadfæster Gud, *blot de ikke er imod Gud og fornuften,* som vi ovenfor har sagt. Som også Rom 13,1 siger: "Der findes ingen myndighed, som ikke er fra Gud." Dette gælder ikke kun jødisk øvrighed, men ethvert lands myndighed. Peter siger det i 1 Pet 2, 13: "For Herrens skyld skal I underordne jer under enhver menneskelig ordning."

*Det tredje stykke* af den kristne frihed gælder menneskelige kirkeordninger, som faste, helligdage og lignende. Her er det nødvendig at vide, at for at opnå retfærdighed for Gud, hjælper sådanne ordninger os ikke. Kristus siger i Matt 15, 9: "Forgæves dyrker de mig, for det, de lærer, er menneskebud."

Ovenfor har vi påpeget at det findes tre slags kirkeordninger: Nogen kan man ikke holde uden at man synder, som bestemmelser om at ægteskab er forbudt. Sådanne ordninger skal man ikke følge. For "man skal adlyde Gud mere end mennesker", ApG 5, 29. Paulus kalder det "dæmoners lærdomme" i 1 Tim 4,1. Desuden modsiger også Kristus selv sådanne bestemmelser i Matt 15, 3.

Den anden slags ordninger er dem, der er indført, fordi de er nyttige og ikke for at erhverve nåde eller gøre fyldest for synden. De er heller ikke i sig selv nødvendige at overholde. Det gælder sådan noget som søndage, påske, pinse og jul. Disse tider er anordnet for at folket skal vide, hvornår de skal komme sammen for at lære Guds ord. Det er ikke nødvendig at holde fast præcis på disse tider, og det er ikke synd at udføre tilfældigt forefaldende arbejde på sådanne dage. Men fordi enhver kender til sådanne højtider, er det nyttig at man holder dem, for at komme sammen og lære.

Den tredje slags ordninger er de, der er indstiftet for at erhverve nåde for vores synder, som fastsatte fastetider, ikke at spise kød på fredage, de syv bønnetider og sådanne ting. Denne opfattelse er imod Gud. Derfor skal man også afskaffe sådanne påbud. At holde og kræve sådanne ordninger kalder Paulus dæmoners lære, hvis man vil erhverve nåde ved dem, eller hvis de anses for nødvendige for at modtage nåde hos Gud.

## Om at forsvare sig med ydre magt

Nogle prædikanter råber også højt om, at man ikke skal yde modstand mod de *angribende muslimer*, fordi det ikke er tilladt kristne at hævne sig. Men det er oprørsk tale, som man hverken skal finde sig i eller tillade. *Øvrigheden har nemlig fået overdraget magt og*

*straffemidler med påbud om, at straffe al vold og røveri.*
Derfor har øvrigheden *også pligt til at forsvare sig med våben* mod dem, der uretmæssig starter en krig og giver anledning til røveri og mord. Denne form for hævn er ikke forbudt, for Paulus skriver i Rom 13, 4 at øvrigheden er en tjener for Guds staf. Det betyder, at den er forordnet og påbudt af Gud, og at Gud også giver øvrigheden hjælp i vanskeligheder.

Men den hævn, der ikke foretages gennem øvrigheden eller udøves på øvrighedens befaling, er ikke tilladt en kristen. Ligeså meget som Skriften forbyder den kristne at hævne sig selv, lige meget bliver hævnen pålagt øvrigheden. *Skriften kalder direkte den hævn, som øvrigheden foretager, en tjeneste for Gud.* Ja, den bedste almisse er med ydre magtmidler at beskytte mod mord, sådan som Gud har befalet. Det hedder jo i 1 Mos 9,6: "Den, der udgyder menneskets blod, skal få sit blod udgydt af mennesker."

Nogen siger også, at man ikke skal forsvare troen med magt, men at vi skal lide som Kristus og som apostlene. Til det er der at sige, at det er sandt, at de, der ikke har en offentlig opgave, *skal forholde sig passiv og ikke forsvare sig selv*, ligesom Kristus heller ikke forsvarede sig selv. For han havde ikke, og ville heller ikke have, nogen verdslig magt eller et offentligt embede. Han ville ikke lade sig udpege til konge af jøderne, som han giver til kende i Joh 6,15.

Men *øvrigheden skal beskytte borgerne mod overgreb, ligegyldigt om det sker på grund af troen eller andre ting.* Og fordi de offentlige myndigheder skal fremme gode gerninger og straffe de onde, skal de også bremse dem, der vil ødelægge gudstjenesten, landets gode ordninger, ret og retfærdighed. *Derfor har øvrigheden også pligt til at yde modstand mod de angribende muslimer.* De vil ikke alene ødelægge vores land, skade og myrde kvinder og børn, men de vil også fjerne lovgivningen, gudstjenesten og alle gode ordninger. Ingen vil mere kunne leve trygt eller opdrage sine børn til disciplin og gode gerninger.

Øvrigheden skal derfor først og fremmest sørge for, at god ro og orden bliver opretholdt, så vores børn ikke kommer til at leve et udisciplineret liv uden en ordentlig moral. Fromme folk vil hellere se deres børn døde, end at de skulle overtage muslimske traditioner. De kender nemlig ikke til nogen ærbarhed. De, der har magt, tager blot andres ejendele, kvinder og børn som de har lyst til. Mændene vedkender sig ingen pligt til troskab i ægteskabet. De gifter sig og skiller sig af med deres hustruer igen efter behag, og lader børnene i stikken. Hvad andet er sådanne traditioner andet end det rene mord? Det har de allerede erfaret tilstrækkeligt i Ungarn, i krigen mod tyrkerne. Derfor advarer de nu alle andre folk: Kære naboer! Selv om I ikke gør det for at forsvare den kristne tro, vil det alligevel være nødvendig at vi forsvare os mod de angribende tyrkere for vores kvinders og børns skyld. Vi foretrækker døden frem for at acceptere og opleve en sådan ødelæggelse og fordærvelse af vores kære. Fjenden samler deres fanger på offentlige pladser, køber, sælger og behandler dem som dyr, hvad enten det er mænd eller kvinder, unge eller gamle, ugifte eller gifte, så forfærdelig er moralen blandt muslimerne.

Derfor skal prædikanterne formane folk til at bede til Gud, at han vil beskytte os mod sådanne vanvittige mennesker. *De skal også undervise folk om, at det er en ret tjeneste mod Gud at kæmpe mod sådanne folk på øvrighedens befaling.*

## Daglige andagter i kirkerne

De gamle ceremonier er næsten helt afskaffet de fleste steder, og det læses og synges kun lidt i kirkerne. Derfor har vi forordnet følgende, som man kan bruge *både i kirkerne og skolerne*, især i byerne, hvor der er mange mennesker.

For det første skal man *hver dag*, tidlig *om morgenen* synge tre Salmer fra bibelen på latin eller tysk. På de dage, man ikke prædiker, kan en af prædikanterne læse et stykke fra bibelen, f.eks. fra Matthæus, Lukas, Første Johannes brev, Petersbrevene, Jakobsbrevet, nogle af Paulus' breve, som Timotheusbrevene, Titus-brevet, Efeserbrevet og Kolossenserbrevet. Når man har læst disse tekster, skal man begynde forfra igen. Den, der læser tekststykket, skal derefter formane folk til at bede et Fadervor for de almindelige vanskelighe-der, særlig det, der er aktuelt, som fred, næring og især om Guds nåde, at han vil vogte os og beskytte os. Hele menigheden kan derefter synge en tysk sang, og så kan prædikanten læse en kollektbøn.

*Om aftenen* vil det være fint, at synge tre aftensal-mer på latin og ikke på tysk, for skoleelevernes skyld, så de vender sig til latin. Derefter en god vekselsang, hymne eller svarsang. Man kan så læse en tekst på tysk fra Første Mosebog, Dommerbogen eller Kongebø-gerne. Efter læsningen skal man opfordre til at bede et Fadervor. Man kan så synge Magnificat [Marias Lov-sang, Luk 1, 46-55], Te Deum [O store Gud! vi love dig, DDS nr. 9], Benedictus [Velsignet være han, Salme 118] eller Den Athanasianske Trosbekendelse, eller lignende, så de unge bliver fortrolig med Skriften. Derpå kan hele menigheden synge en tysk sang og præsten til sidst læse kollektbønnen.

*I de mindre byer*, hvor de ikke har en skole, er det ikke nødvendigt, at man synger dagligt. Men det ville være godt, hvis man sang lidt, når man holdt prædi-ken. Der skal holdes en prædiken hver onsdag og fre-dag.

Præsten skal være opmærksom på, at han *prædiker over de opbyggelige og ikke for vanskelige* bibeltekster. For troen må forkyndes, så man ikke glemmer den sande kristne bod, Guds dom, gudsfrygt og gode gerninger, som det blev forklaret før. *Man kan nemlig hverken forstå eller eje troen uden bod.*

På helligdagene skal man prædike om morgenen og om eftermiddagen. Om morgenen over evangeliet og om eftermiddagen, når børnene og de unge kommer i kirke, mener vi, det er godt at gennemgå De Ti Bud, Trosbekendelsen og Fadervor i prædiken og undervisning.

Ved budene bliver folk formanet til gudsfrygt. Derefter kommer Faradervor, så folk véd, hvordan de skal bede. Dernæst skal man prædike over Trosbekendelsen og omhyggelig gennemgå de tre hovedartikler i Bekendelsen, nemlig om skabelsen, forløsningen og helligelsen.

For vi mener, at det er nyttigt, at man lærer sådan om skabelsen, at folk forstår, at *Gud stadig skaber*, hver dag giver os føden, lader alting gro, osv. Dette skal tilskynde folk til tro, så vi beder Gud om føde, liv, sundhed og lignende legemlig behov.

Derefter skal folk undervises om forløsningen, at synderne er os tilgivet ved Kristus. Her skal man inddrage alle de andre punkter om Kristus, at han er født, død, opstået, osv.

Den tredje artikel, helligelsen, er om Helligåndens virke. Her skal folk formanes til at bede om, at Gud vil vogte og beskytte os ved sin Helligånd. Det skal pointeres, hvor svage vi er og hvor let vi falder, hvis Gud ikke *opdrager og bevarer* os ved Helligånden.

Når man har prædiket over De Ti bud, Fadervor og Trosbekendelsen om søndagen, skal man også omhyggelig prædike om ægteskabet og om dåbens og nadverens sakramente. På grund af børnene og andre med manglende boglige kundskaber skal man fremsige De Ti bud, Fadervor og Trosbekendelsen ord for ord.

Prædikanterne skal holde sig fra al polemik og blot straffe de almindelige synder. Dog skal man kraftig fordømme paven og hans tilhængere, som nogen, der allerede er fordømt af Gud, ligesom Djævelen og hans rige. For Djævelen forfølger den kristne kirke og Guds ord grusomt via pavedømmet, der under dække af at være den kristne kirke er Antikrists rige. Lige så lidt som Djævelen og hans papister holder op med at spotte Kristus og hans ord, lige så lidt skal prædikanterne tie eller holde op med at straffe deres løgne og afgudsdyrkelse, så folk altid kan være på vagt over for Antikrists og Djævelens løgne.

Ellers skal man ikke hænge nogen ud til spot eller bruge dem som eksempel, med mindre de i fuld offentlighed er fordømt af Gud eller kirken, eller er idømt en straf ved en offentlig domstol.

På helligdage, som juledag, Kristi omskærelsesdag, helligtrekonger, påske, Kristi himmelfartsdag, pinse og andre, som efter skik og brug bliver holdt i de enkelte sogne, skal man også om eftermiddagen prædike over selve helligdagen. Man bør også bevare de nævnte helligdage. Desuden også lidelsesugen, hvor der skal prædikes om Kristi lidelse efter samme fremgangsmåde som lige nævnt.

Man skal også undervise folk om nadveren, så de ikke uden videre deltager på grund af skik og brug, men *kun hvis Gud tilskynder dem til det.*

Der findes nogle store tåber, der kraftigt kritiserer disse helligdage. Dem skal man ikke tage sig af. For disse helligdage er forordnet, fordi man ikke kan lære folk hele Skriften på én dag. Lærestykkerne er fordelt over hele året. Det er ligesom i skolerne, hvor man den ene dag læser Virgil og en anden dag Cicero.

Men hvordan helligdagene kan holdes uden overtro, vil en dygtig præst let kunne vejlede i. Man skal heller ikke skændes på grund af højtiderne, fordi en eller anden ubrugelig helligdag er blevet afskaffet.

Det er en dårlig tradition, at man altid synger de samme sange. De ville være godt, hvis man ved de store højtider sang de latinske Introitus, Gloria in excelsis Deo, Halleluja, Bibelvers, Sanctus, Agnus Dei. Ellers lader vi søndagene være som den enkelte præst ønsker at bruge de kristne ceremonier. Det vil dog være godt, om man opfordrer folk til at gå til nadver.

Dog skal ingen have adgang til den hellige nadver, uden han først har haft en samtale med præsten, så man ikke skal vanære Kristi legeme, som før nævnt.

Gudstjenesterne skal så vidt muligt holdes på samme måde. Man skal dog ikke gøre noget stort nummer ud af forskellene. I pavedømmet er der jo også stor forskel og ulighed rundt omkring i sognene. Her har man sommetider afholdt tre, fire gudstjenester på én gang, med en masse larm, der alligevel ikke har gjort noget indtryk på folk.

Ved begravelser skal det også gå ordentlig til. En hjælpepræst eller kirketjener skal deltage og opfordrer folk til at følge med ud til begravelsen, hvor man kan synge "Midt i livet er vi stedt" (DDS 495).


## Moselovens betydning

Vi hører også hvor ubetænksomt der bliver prædiket om de seks uger kvinderne skal holde sig i ro efter fødslen. Selv om de har været svage, er nogle blevet presset til at arbejde. Det skulle have medført sygdom og dødsfald.

Vi anser det derfor for påkrævet, at formane præsterne til at undervise korrekt om denne og lignende skikke.

De seks ugers pause efter en fødsel er forordnet i Moseloven, 3 Mos 12. Selv om Moseloven ganske rigtigt er afskaffet, så er denne regel, som ikke alene loven, men også naturen lærer os, ikke afskaffet. Det gælder de ting, der har med naturen og de almindelige skikke at gøre. Paulus siger det også i 1 Kor 11, 14 og naturen selv lærer og viser det, at man har pligt til at overholde de ting, som naturen medfører.

Kvinderne skal derfor *aflastes* til de kommer til kræfter igen, og det sker vel næppe på kortere tid en seks uger. At gå ud før denne tid er dog ikke synd, men *det er synd at skade kroppen.* Det er jo heller ikke synd at drikke vin. Alligevel skal man ikke give vin til en febersyg på grund af sygdommen. Sådan skal man også i denne sag *tænke på legemets behov og holde en vis disciplin, og ikke misbruge den kristne frihed ufornuftig til skade for sig selv.* Uforstandig brug af den kristne frihed er som hvis en fyrste inviterer en flok svin til middag. Svinene forstår slet ikke denne ære, men ødelægger blot det, der bliver sat frem for dem og sviner deres herre til. Sådan er det også med folk. Når de hører om den kristne frihed, begriber de ikke, hvad denne frihed er, og tror, de ikke mere behøver nogen disciplin og gode skikke. Følgelig bliver også Gud vanæret ved det.

# Forholdsregler ved åbenlyse synder

Det var også godt, hvis man ikke helt afskaffede de sanktioner, der hører med til en ret kristen bandsættelse, som Matthæus beskriver i kapitel 18, 15.

*De, der lever i åbenlyse synder og ikke vil ophører med det, skal ikke have adgang til den hellige nadver.* Det gælder sådan noget som ægteskabsbrud, daglig drikkeri og lignende. De skal dog formanes nogle gange inden, så de kan forbedre sig. Men hvis de så alligevel ikke forbedre sig, skal man sætte dem i band. Og denne straf skal man ikke foragte. Fordi det er en forbandelse, som Gud har påbudt over syndere, skal den ikke agtes ringe. *En sådan forbandelse er nemlig ikke virkningsløs*, som man kan se i 1 Kor 5. Her overgiver Paulus en person til Djævelen, som bedrev hor med sin stedmor. Det skete for at vedkommendes legeme skulle ødelægges, så hans ånd kunne frelses.

Den, der er bandsat, må dog gerne overvære prædikenen, ligesom man lader jøder og hedninger høre prædikenen.

# Forordning for biskopper

Én præst skal være superintendent [biskop] over de andre præster i sit stift, både for dem, der er sognepræster, og dem, der bor i området, i klostre, stiftelser eller er præst for adelen eller andre.

Superintendenterne skal omhyggelig føre tilsyn med, at der *læres ret og kristen* i menighederne, at Guds ord og det hellige evangelium bliver prædiket rent og loyalt, og at de hellige sakramenter *bruges på frelsende måde* efter Kristi indstiftelse. De skal også se til, at præsterne har en passende *livsførelse*, der ikke står i modsætning til Guds ord, så folk forbedrer sig og ikke bliver forargede. Præsterne må heller ikke i tjenesten prædike eller lære mod øvrigheden.

Hvis en præster overtræder disse bestemmelser, skal superintendenten indkalde vedkommende og formane ham til at stoppe med det. På kristen vis skal han forklare vedkommende, hvor han har handlet galt eller taget fejl, gjort for meget eller for lidt, enten i læren eller i sin livsførelse.

Vil vedkommende ikke holde op eller afstå fra sin vildfarelse, det gælder særlig i spørgsmål om falsk lære eller opfordring til oprør, skal superintendenten straks give de offentlige myndigheder besked, så man rettidigt kan tage de nødvendige forholdsregler.

Når et embede bliver ledigt, er det også en god ordning, at den nye, der skal ansættes, først bliver præsenteret for superintendenten, inden han overtager embedet eller bliver ansat som prædikant. Superintendenten skal eksaminere og forhøre ham, hvordan det står til med hans lære og livsførelse, om menigheden kan være tjent med ham. Med Guds hjælp må man omhyggelig se til, at ingen *ulærd eller uskikket* bliver sat til at lede de stakkels folk vild. Især inden for de seneste år har man ofte og tydelig erfaret, hvilke store goder eller onder, man kan få af henholdsvis duelige og uduelige præster. Der er derfor god grund til ved Guds nåde at være opmærksom, så man på forhånd kan forhindre yderligere fejltagelser og besvær. Vi skal ikke medvirke til, at Guds navn og ord bliver spottet blandt os, som Paulus flere steder gentager.


## Om skolerne

Præsterne skal også indskærpe folk, at de sender deres børn i skole, så der kan blive uddannet dygtige personer til at lære i kirken og til at styre samfundet. Nogle synes, det er nok, at en præst kan sit modersmål. Det er en tåbelig forestilling. *Den, der skal lære andre, må have en grundig uddannelse og særlige evner.* For at opnå det, må man begynde fra barn af, da det tager sin tid. Paulus skriver i 1 Tim 3, 2, at en biskop skal være en god lærer. Han viser dermed, at de må være bedre udrustet en lægfolket. Paulus roser også Timotheus i 1 Tim 4, 6, fordi han fra ungdommen af har lært troens ord og den gode lære. Det er ingen ringe kunst at lære andre og undervise korrekt og klart. Den opgave er det umuligt for ulærde folk at klare.

Vi har brug for dygtige folk, ikke alene i kirkerne, men Gud vil også have dygtige folk i det offentlige.

Derfor skal forældrene for Guds skyld sende deres børn i skole og uddanne dem til at tjene Gud Herren, så Gud kan bruge dem til gavn for andre.

Før denne tid har man uddannet sig for pengenes skyld. De fleste har studeret, for at få et embede, så de kunne ernære sig ved syndig messelæsning. Hvorfor gør vi ikke Gud den ære, at vi uddanner os på grund af hans befaling? Han skal helt sikkert nok sørge for føden til os. Han siger selv i Mat 6, 33: "Søg først Guds rige og hans retfærdighed, så skal alt det andet gives jer i tilgift."

I Moseloven har Gud forsørget levitterne med tiende. I evangeliet er det ikke påbudt at give præsterne tiende, men det er påbudt at give dem til livets ophold. Kristus siger selv i Matt 10, 10 og Luk 10, 7 at arbejderen er sin løn værd.

Skønt verden foragter Guds bud og ikke giver præsterne det, de skylder dem, vil Gud dog ikke glemme de præster, der lærer ret, men give dem føden. Det har han nemlig lovet dem.

Man ser også daglig, hvordan mange andre opgaver bliver rigelig belønnet ved Guds vilje. I Siraks Bog 38, 2 står der således skrevet: "Lægekunsten stammer fra den Højeste. Lægen modtager belønning fra kongen."

Der er ganske vist mange ting galt med skolerne, så vi har opstillet nogle retningslinjer, for at børnene kan få en ordentlig skolegang.

For det første skal lærerne holde igen, så de *kun lærer børnene ét sprog*, latin, og ikke også tysk, græsk og hebraisk, som nogle tidligere har gjort. De stakkels børn skal ikke belastes med så mange sprog. Det er ikke alene nytteløst, men også skadelig. Det er også tydeligt, at sådanne lærere ikke tænker på børnenes bedste, men på deres egen berømmelse og ære, når de underviser i så mange sprog.

For det andre skal man heller ikke bebyrde børnene med en masse bøger. Man skal i det hele taget undgå at overbebyrde børnene på alle områder.

For det tredje er det nødvendig, at man deler børnene op i klasser.


## Første klasse

Første klasse er for de børn, som skal lære at læse. Man skal tilrettelægge det sådan:

Først skal de lære at læse i en lille bog med alfabetet, Trosbekendelsen, Fadervor og andre bønner.

Når de kan det, skal man give dem et par klassiske værker (Donat og Cato), ét til at læse og ét til at oversætte. Læreren oversætter først et vers eller to, dernæst gentager børnene det. På den måde kan de få et forråd af latinske ord, så de kan lære at tale latin.

Det skal de øve sig i, til de kan det godt. Vi mener det vil være nyttig for de svage børn, som ikke har så let ved at lære, at de ikke kun gennemgår bøgerne én gang, men også får en *repetition*.

Derefter skal de lære at skrive og øve sig, så de daglige viser læreren, hvad de har skrevet.

For at de kan lære nok latinske ord, kan man give dem lidt latinske ord for til næste dag, sådan som man plejer at gøre.

Eleverne i første klasse skal også have sang sammen med de andre, som vi skal se.


## Anden klasse

Anden klasse er for de børn, som kan læse og nu skal lære grammatik. Det kan man gøre på følgende måde:

Over middag skal alle klasserne have *sang og musik*.

Derefter gennemgår læreren *Æsops fabler* for 2. klasse.

Om eftermiddagen skal man have grammatik. Når børnene kan grundreglerne, kan man gennemgå de samtaler i Erasmus' bog, som er brugbare og alment dannende.

Næste dag repeterer man det.

Som lektier kan man give dem et ordsprog eller lignende for på latin, som de så skal høres i næste dag. Det kan være ord som: "En virkelig ven kendes i nøden" eller "For meget lykke, gør dig til en tåbe".

Om morgenen høres børnene i Æsop.

Så gennemgår læreren navneordenes og udsagnsordenes bøjning, *tilpasset børnenes niveau.* Børnene høres også i bøjningernes regler og begrundelser.

Når børnene har lært reglerne om sætningsbygning, skal børnene også prøve selv at danne nogle sætninger. Det er en god øvelse, som desværre kun har været lidt brugt.

Når børnene på denne måde har lært Æsop, skal man fortsætte med nogle gode, klassiske fortællinger, som de skal lære udenad. Børnene er nu blevet ældre og kan godt overkomme lidt flere lektier. *Læreren skal dog stadig have omsorg for, at de ikke bliver overbebyrdet.*

Timen inden middag skal altid bruges til grammatik. Først ordenes betydning, så sætningsdannelse og sidst versenes opbygning. Når man har gennemgået det, skal man repetere det hele forfra og grundig indøve grammatikken. *Uden repetition er al indlæring nytteløs og forgæves.*

Børnene skal også kunne de grammatiske regler udenad. På denne måde bliver de *presset og hjulpet til at lære* grammatikken grundig.

Hvis læreren ikke passer sin undervisning godt, som det ofte sker, skal man ikke holde på ham, men finde en anden til børnene, der vil påtager sig opgaven med at lære børnene grammatik. Man kan ikke skade noget fag mere, end ved at forsømme grammatikken.

Denne plan skal man bruge hele ugen, og man skal ikke præsentere børnene for en ny bog hver dag.

Én dag om ugen, f.eks. lørdag eller onsdag, skal man reservere, så børnene kan blive undervist i kristendom. Nogle skoler underviser slet intet om Bibelen. Andre lærer ikke andet. Begge dele er lige forkert. Det er nemlig vigtigt, at lære børnene begyndelsen på et kristen og gudvelbehagelig liv. Men der er også mange grunde til, at de ved siden af lærer andre bøger at kende, så de kan lære at læse.

Undervisningen i kristendom skal foregå på denne måde: Læreren skal høre hele klassen, så børnene efter tur fremsiger Fadervor, Trosbekendelsen og De Ti Bud. Er klassen for stor, kan man høre den ene halvdel den ene uge og den anden ugen efter.

Dernæst skal læreren i en periode gennemgå Fadervor *korrekt og enkelt*. I en anden periode tager man Trosbekendelsen og i en tredje De Ti Bud. Man skal indprente børnene de bud, der er nødvendige for at leve ret, som gudsfrygt, tro og gode gerninger. Man skal ikke beskæftige sig med polemisk stof. Læreren skal heller ikke lære børnene, at håne munkene og andre, som mange uegnede lærere har haft for vane.

*Læreren skal også give lektie for i nogle lette bibelske salmer, som skal læres udenad.* Det skal være nogle af de salmer, der sammenfatter det kristne liv. Salmer, der handler om gudsfrygt, tro og gode gerninger. Det kan f.eks. være Salme 112, 34, 125, 127, 128, 133 og

andre i samme stil, der ikke er for vanskelige, men let-
forståelige. *De skal forklares præcis og tydeligt, så bør-
nene forstår, hvad de kan lære og finde i Salmerne.*

Den dag, der er afsat til kristendom, kan man også
gennemgå Matthæusevangeliet grammatikalsk. Når
det er gennemgået én gang, begynder man på ny. Når
børnene er blevet større, kan man også inddrage Pau-
lus' to brev til Timotheus, eller Første Johannesbrev
eller Ordsprogenes bog.

Ud over dette skal man ikke gå i gang med andre
bøger. *Det tjener nemlig intet godt formål, at belæsse
de unge med tunge og vanskelige bøger.* Når nogle vil
bruge Esajas, Romerbrevet, Johannesevangeliet og lig-
nende, er det kun for at fremme deres egen ære og
navn.

## Tredje klasse

Når børnene er godt hjemme i grammatikken, kan
man lade de dygtigste gå videre i tredje klasse. De skal
dog stadig have sang og musik sammen med de andre
i timen over middag.

Derefter kan man gennemgå den romerske digter
Virgil for dem, og efter det andre af de store klassikere.
Dagen efter repeterer man Virgil, og de skal selv
danne sætninger, bøje udsagnsord og finde specielle
sætningskonstruktioner.

I timen før middag skal de fortsætte med grammatik, så de kan blive godt trænet i det. Når eleverne kan ordenes betydning og reglerne for sætningsdannelse, tager man fat på versemål, så de kan blive *dygtige til at digte.* Denne øvelse er også nyttig for at forstå andre skrifter. Desuden får de et stort ordforråd og bliver dygtige til mange ting.

Når de nu er blevet dygtige til grammatik, kan man bruge denne time til *prædikenlære og talekunst.* I anden og tredje klasse skal man ugentlig have skriftlige hjemmeopgaver i form af breve eller vers.

*Man skal sørge for at eleverne kun taler latin i skolen.* Så vidt mulig bør lærerne selv heller ikke benytte andet en latin i undervisningen, så eleverne vænnes til sproget.

# I samme Luther-serie:

Kristi nadverord står fast
Kirkepostillen 1-3
Salme 51
Opstandelsen
De Lutherske Bekendelsesskrifter
Vejledning for menighederne